直销系统领导者特质

对其组织发展的影响研究

刘淑莲 ◎ 著

清华大学出版社

北京

内 容 简 介

本书结合中外直销的发展历程和历史演变从多个方面分析了直销系统及组织发展特点，找出直销系统组织发展过程中所存在的问题，并对影响直销系统组织发展的内、外部因素等进行了系统的分析。在对直销系统领导者的特质进行初步分析的基础上，运用 DISC 理论将直销系统领导者特质分为四种类型，并结合实际直销系统的组织发展状况对直销系统领导者特质及其在组织发展不同时期的作用进行了进一步的探究。

本书丰富了直销领域领导者特质及组织发展方面的研究，所得结果为国内直销系统领导者的自我提升以及制订直销系统教育培训与人才培养方案提供了参考，对直销系统组织建设及市场规范化运作都具有较大的启示作用。

本书封面贴有清华大学出版社防伪标签，无标签者不得销售。

版权所有，侵权必究。举报：010-62782989，beiqinquan@tup.tsinghua.edu.cn

图书在版编目（CIP）数据

直销系统领导者特质对其组织发展的影响研究/刘淑莲著. —北京：清华大学出版社，2024.3
（2024.4 重印）
ISBN 978-7-302-65743-9

Ⅰ.①直… Ⅱ.①刘… Ⅲ.①企业管理－直销－研究 Ⅳ.①F274

中国国家版本馆 CIP 数据核字(2024)第 052877 号

责任编辑：	付潭娇
封面设计：	汉风唐韵
责任校对：	王凤芝
责任印制：	丛怀宇
出版发行：	清华大学出版社
网　　址：	https://www.tup.com.cn, https://www.wqxuetang.com
地　　址：	北京清华大学学研大厦 A 座　邮　编：100084
社 总 机：	010-83470000　邮　购：010-62786544
投稿与读者服务：	010-62776969, c-service@tup.tsinghua.edu.cn
质 量 反 馈：	010-62772015, zhiliang@tup.tsinghua.edu.cn
印 装 者：	北京嘉实印刷有限公司
经　　销：	全国新华书店
开　　本：	170mm×240mm　印张：8.5　字　数：146 千字
版　　次：	2024 年 3 月第 1 版　印　次：2024 年 4 月第 2 次印刷
定　　价：	89.00 元

产品编号：100382-01

作为 PSL·巴黎第九大学校长，我很荣幸能受邀在高级工商管理博士（Executive DBA）中国项目"基于中国实践的管理理论"系列学术专著中撰写这篇序言，并诚挚感谢清华大学出版社帮助我们迈出这关键性的一步，即实现从"创造知识"向"传播知识"的跨越。

正如《管理百年》开篇所述"回顾管理思想和理论发展史，组织尤其是经济组织的演变与管理思想和理论的发展存在着互相促进的关系，而管理研究的进展又为新型组织的巩固提供了支持和保证，这种如影随形的互动关系是管理思想和理论演进的根本动力。"

时光荏苒，岁月如白驹过隙，在中国改革开放四十年和中法建交 60 周年之际，Executive DBA 中国项目以研究为导向，跨越了第一个十年，以发展"管理的中国思想"与成就"企业思想家"为己任，建立起严谨求真的学术体系和质量框架，汇聚了 30 余位来自中法两国顶尖学术机构、拥有深厚学术造诣且博学谦逊的一流师资队伍，以严格审慎的标准选拔了近 200 位杰出企业家学者从事管理实践研究，并已累计撰写出六十余篇优秀的博士毕业论文。论文主题涉及管理创新、商业模式、领导力、组织变革、战略管理、动态能力、跨文化管理、金融创新、风险管理、绩效管理、可持续发展等各个领域，现已逐步建立起项目博士文库。这些原创知识成果来源于实践，能直接或间接用于解决商业组织和社会中的重要问题，对中国、法国乃至全世界都是弥足珍贵的。此次将这些原创知识进行公开出版，必将推动知识的传播与分享，为企业家和管理者处理管理实践问题提供新的有益借鉴。

毫无疑问，Executive DBA 中国项目的成功既是管理实践与理论螺旋式相互促进的成功案例，也是中法两国教育合作的典范，这不仅得益于企业家学者们严谨求实的研究态度，还得益于中法两国项目管理者对于细节的极致追求和对项目使命的坚守。正是双方有着这样相得益彰的信任与合作，才使得这一博士项目坚强地挺过三年新冠疫情时期而继续扬帆远航。如果没有对学术一丝不苟、孜孜不倦的科研团队，没有对研究全神贯注、废寝忘食的学生，以及项目运营团队群策群力的支持，这样硕果累累的国际合作将无法实现。我们所携手开展的不仅是一个简单的国际合作项目，更是一个国际项目合作中如何驾驭和克服不确定性与处理突发情况的典范！

成功还得益于 Executive DBA 项目尊重与强调的独特价值观。首先，我们特别强调反思性管理中实践与研究的联系，这将促使兼具管理者身份的同学们逐渐成长为服务于其组织的"企业家学者"，学会像学者一样思考问题、像科学家一样探究事物的本质。其次，中欧国际纷繁多元的思维与文化通过本项目产生强烈的碰撞与融合，给予同学们在更宽广的平台上将多种价值观去粗取精和有机融合的机会。在此基础上，同学们得以在全球范围内探索并理解在管理和经营上的前沿议题与最新挑战，并开展深入的研究。基于我们的深厚沉淀以及对未来管理研究发展趋势的把握，PSL 巴黎九大教授们联合清华大学、国家会计学院教授们，致力于通过 Executive DBA 项目帮助同学们建立起全球和本土视野间的理想平衡。同时，我们更期待能够共同建立起一种反思性对话，探索并建立起连接理论和实践经验的新途径。

最后，在清华大学出版社的大力支持以及中法学术委员会的领导下，我们推出了"基于中国实践的管理理论"学术专著的系列丛书，为本项目同学们提供了绝佳的出版机会。我相信任何对金融、战略、经济、电子商务、供应链、生产、人工智能、人力资源、研发等领域感兴趣的读者、研究员和专家们都将受益于这套系列丛书，并从中汲取和深化管理方面的实践知识和概念知识。这美好的成就离不开支持我们的所有人。

在此我祝愿 Executive DBA 项目系列丛书的出版与发行取得圆满成功，我也坚信未来会有更多优秀的研究使它变得更加完善与充实！

艾尔·穆胡·穆胡德

PSL·巴黎第九大学校长

前言

直销公司的营销体系主要由直销商构成，这些直销商不属于直销公司的员工，直销商之间也没有传统意义上的管理与被管理关系，这种看似松散的零乱个体在直销展业的过程中却总能表现得有条不紊、秩序井然，究其原因，都离不开一个称为直销团队、直销体系或直销系统的组织。

然而，并不是每个直销系统组织都会发展得很好。发展好的直销系统能够不断壮大，发展不好的直销系统可能很快分化、瓦解，甚至消失。那么，什么因素会影响直销系统的组织发展呢？当然，有外部因素也有内部内素。一般来说，外部因素往往是不以系统领导者的意志为转移的，也不是他们能决定得了的，而直销系统领导者及其特质作为影响直销系统组织发展的主要内部因素，一直是直销管理者重点关注的对象。因此，研究直销系统领导者特质及其对组织发展的影响成为直销管理中的一个重要课题，也是笔者多年工作中一直在探索的问题之一。

本书从多个方面分析了直销系统及组织发展特点，找出了直销系统组织发展过程中存在的问题，并对影响直销系统组织发展的内、外部因素等进行了系统分析。在对直销系统领导者的特质进行初步分析的基础上，运用 DISC 理论（人类行为语言，D 支配、I 影响、S 稳定、C 遵从）将直销系统领导者特质分为 D、I、S、C 四种类型，并结合实际直销系统的组织发展状况对直销系统领导者特质及其在组织发展不同时期的作用进行了进一步的探究。

为了评价一个直销系统的组织发展状况，本书运用主成分分析方法提炼出直销系统组织发展的六个核心要素，再运用层次分析法进一步确定六个核心要素的权重，构建出组织发展的综合指标即组织发展指数。然后选取 D、I、S、C 四种类型作为自变量，选择不同的组织发展核心要素及组织发展指数作为目标，对 D、I、S、C 四种特质类型进行优势比较，并结合各核心要素的权重，确定出 D、I、S、C 四种特质类型对组织发展指数的相对优势指标。最后以 JK

公司 31 个系统的调查和实际数据为例，对所得结果及模型进行验证，实证结果与之前的模型分析结果几乎完全一致。

本书丰富了直销领域领导者特质及组织发展方面的研究，所得结果为国内直销系统领导者的自我提升及制定直销系统教育培训与人才培养方案提供参考，对直销系统组织建设及市场规范化运作具有较大的启示作用。

作者

2023 年 10 月

推荐序

　　领导者特质（领导力）和企业绩效的关系，特别是企业家的领导特质（领导力）对企业绩效的影响是大家都关心的一个热点话题，学术界长久以来也对相关问题进行了广泛的研究。但是直销系统领导者的领导特质是什么？它和其他企业领导者的领导特质以及领导力有什么相同和不同？这些问题并没有在学术研究上给出答案。

　　直销系统领导者指团队领导，能独立运作、人数达到一定规模的直销系统的创始人，是直销系统组织层次中最顶层的人，是对直销系统关键事务做出决策的人。所以，直销系统领导者与科层制组织的领导者的明显区别是领导力是驻留在下属那里的，他们的领导地位不是被任命的，而是在组织发展过程中相互合作、竞争中取得的。他们的领导影响力不是来自职位权力，而是来自于非职位影响力，一种不运用职位权力就使他人做事的能力。

　　直销系统是一个具有自组织特点的组织系统，与他组织不同，直销系统领导者不是由更高一级组织领导提拔，而更多依靠的是直销人员自我的成长和提升，因此直销系统领导者应具有与他组织领导者不同的特质。

　　直销公司的营销体系主要是由直销商构成的，这些直销商不属于直销公司的员工，与公司只是合作关系。直销商之间虽然有的存在推荐与被推荐关系，但彼此之间并不是管理与被管理的关系，这种表面上看似松散的零乱个体在推广直销业务的过程中却总能表现得有条不紊、秩序井然，这些都离不开直销系统领导者的管理。直销系统领导者所表现出来的领导才能、人格魅力、行事风格等特质对系统的组织发展都有本质的影响。领导者的优秀特质能唤起更多的人格认同和行为上的学习和效仿，引领更多的直销人员追随始终、同心协力、共同奋斗。因此，对于直销企业而言，若想实现长久发展，应当深刻认识直销系统领导者的特质对组织发展的影响，成功的系统领导者身上散发着无穷的人格魅力。

《直销系统领导者特质对其组织发展的影响》这本书是由金科伟业（中国）有限公司创始人之一刘淑莲博士撰写。她在亲身经历了公司初创、发展、成长的各个阶段，总结过去十几年的运营经验，见证了身边的几位领导者的成功与失败，几个大的团队的兴衰过程的基础上，将人类行为语言理论（也称 DISC 理论[①]）运用于直销系统领导者特质分析，研究了不同类型领导者特质对组织发展的影响，并运用层次分析法对 D、I、S、C 四种类型领导者对直销系统组织发展的相对优势进行了比较分析，建立了 D、I、S、C 对系统组织发展的优势分析模型。

作者运用主成分分析法开创性地构建了直销系统组织发展的核心要素指标，再借助层次分析方法将这些核心要素指标进一步综合成一个测量组织发展的综合指标。应用方差分析方法构建出直销系统领导者特质对组织发展的影响模型，用实证方法验证了不同类型领导者特质的表现与直销系统绩效的关系。

现有文献对直销系统领导者特质的相关研究几乎空白，本书的研究方法和成果在直销研究领域，特别是直销系统领导者特质及组织发展研究领域都是具有开创性的，填补了该领域的研究空白，为直销系统定量化管理提供了依据。本书既具有很强的现实指导意义，也具有学术价值。对企业家更好的理解领导力的内涵和指导企业实践具有重要的参考价值。

直销系统是一个自组织体系，无论从组织结构还是成员构成都是复杂的、多样性的，因此直销系统的组织发展必然从多个维度体现出自己的特点。本书关于直销系统组织发展的相关研究及其成果，对于直销企业及直销系统实现有序管理、规范发展、组织领导者的选拔及培养都具有很好的指导作用。关于直销系统领导者核心特质的相关研究及其成果，可以为直销企业及直销系统科学制定培训方案及培训内容提供可靠的理论依据，从而推动直销组织长期健康的发展。

直销是一种介于卖方和买方之间，没有中间媒体介入的直接交易行为。它有着深刻的历史背景、良好的发展前景与无穷的魅力。直销系统领导者能站在

---

① D: Dominance（支配性）。I: Influence（影响性）。S: Steadiness（稳定性）。C: Compliance（服从性）。

更高的角度来观察直销、分析直销、运作直销,从而能"跳出直销看直销,超越直销做直销"!长风破浪会有时,直挂云帆济沧海。衷心希望此书助创业者们借直销之帆,勇闯商海,实现自己的成功之梦。在直销中国化的未来进程中,创造出一个更美好的未来!

清华大学自动化系长聘教授
国家计算机集成制造系统工程技术研究中心
范玉顺

目录

第1章　引言 1
　1.1　研究背景 1
　1.2　研究方法 3
　1.3　研究内容及结构 4
　1.4　研究意义 7

第2章　相关理论与文献综述 9
　2.1　直销及直销系统 9
　2.2　领导特质与DISC理论 15
　2.3　组织发展 21
　2.4　领导者特质与组织发展 25
　2.5　本章小结 26

第3章　JK公司简介 28
　3.1　公司发展历程 28
　3.2　企业文化 29
　3.3　企业使命 30
　3.4　公司组织架构 32
　3.5　市场运营情况及运营管理难点 33
　3.6　本章小结 37

第4章　影响直销系统组织发展的因素分析 37
　4.1　直销系统及其组织发展特点 37
　4.2　直销系统组织发展中存在的问题 44

4.3 影响直销系统组织发展的外部因素分析 ································ 46
4.4 影响直销系统组织发展的内部因素分析 ································ 53
4.5 领导者特质在直销系统组织发展不同时期的作用 ·················· 67
4.6 本章小结 ·· 73

第5章 直销系统领导者特质对组织发展的影响 ··································· 75
5.1 直销系统组织发展核心要素提取 ·· 75
5.2 直销系统组织发展评价体系构建 ·· 82
5.3 直销系统领导特质对组织发展的影响分析 ·· 86
5.4 直销系统领导者特质对组织发展的影响模型 ·· 97
5.5 本章小结 ·· 98

第6章 直销系统领导者特质对组织发展的影响实证分析 ··············· 100
6.1 直销系统领导者特质测评 ··100
6.2 各直销系统组织发展测评 ··102
6.3 直销系统领导者特质对直销系统组织业绩的影响分析 ·······················103
6.4 直销系统领导者特质对组织发展指数的影响分析 ·······························107
6.5 本章小结 ···110

第7章 结论 ···112
7.1 主要研究结果及结论 ···112
7.2 理论贡献及管理启示 ···115
7.3 有待进一步研究的问题 ···115

参考文献 ···117

附录 名词解释 ···122

第1章

引　言

1.1　研究背景

　　直销是国际上通行的一种以面对面、无固定地点提供个性化服务为主的一种销售方式。直销企业运用这种营销模式可以有效地减少流通环节，从而降低中间成本，使销售业务的效率更高。这种低门槛、低成本的销售方式，还可以创造大量的就业机会，活跃市场经济，增加地方税收，促进社会财富的健康流动，推动共同富裕。

　　19世纪80年代，美国雅芳公司首先创建了单层次直销的营销模式（徐英，2018）。直到1945年，美国加州的李·麦亭杰（Lee Mytinger）和威廉·卡森伯瑞（William Casselberry）在实践中发明了一种独特的称为多层次直销的销售模式，这套模式的核心特点在于直销人员在从事销售和服务的时候，也顺便销售"事业的机会"，通过发展消费者从事直销事业使其成为自己的下线以获取相应回报（王存彪，2004）。20世纪50年代，杰·温安洛（Jay Vanandel）和理查·狄维士（Richard Devos）创立的安利公司率先引入了多层次直销的营销模式，并取得巨大的成功（刘玉凤，2012）。

　　由于多层次直销模式的突出特点是团队计酬，直销系统及直销系统领导者应运而生。耶格系统及其创办者德克斯特·耶格（Dexter Jaegger）、成冠系统及其创办者付厚坚、起凡系统及其创办者陈婉芬、卓越系统及其创办者许旭升等都是安利多层次直销模式衍生出的著名的直销系统及其领导者（陈巧利，2006）。在直销从美国走向世界的发展历程中，直销系统起到了不可忽视的作用。

　　中国直销业的发展从20世纪90年代初期雅芳公司的进入拉开帷幕，只不过雅芳公司采用的是单层次直销制度。后来，随着安利等采用多层次直销制度的公司陆续进入，再加上中国境内新直销公司的不断产生，直销团队、直销体系或直销系统一直是直销从业者耳熟能详的词语，也是直销管理者经常要面对的群体。

直销系统是直销企业营销体系的重要组成部分，但由于其松散的组织特点、非科层制的管理方式、从业人员的素质参差不齐等问题，给直销系统的组织建设与发展带来很大困扰。直销系统要想实现可持续发展及规模化扩张，除了稳定的社会经济环境、政策引导、有使命感的公司、良好的产品体系，以及公平、公正、公开的奖金激励制度外，更重要的是建立直销系统组织内部的良性发展机制，这与直销系统组织的管理思想、组织文化建设、愿景和战略密不可分，但更依赖于领导者及其特质。直销系统领导者所表现出来的领导才能、人格魅力、行事风格等特质对系统的组织发展都有本质的影响。领导者的优秀特质能唤起更多的人格认同和行为上的学习和效仿，引领更多的直销人员追随始终，同心协力，共同奋斗。由于直销系统所处的外部大环境是相同的，而大环境的变化对直销系统来说基本上可以算作不可抗力，因此，对同一个直销公司的直销系统而言，领导者及其特质对直销系统的组织发展起着决定性的作用。

直销系统作为直销公司的营销体系，主要是由直销商构成的，这些直销商不属于直销公司的员工，与公司只是合作关系（吴宜真等，2014）；直销商之间虽然有的存在推荐与被推荐关系，但彼此之间并不是管理与被管理的关系。这种表面上看似松散的零乱个体在推广直销业务的过程中却总能表现得有条不紊、秩序井然，离不开这些被称为直销团队、直销体系或直销系统的组织。当然也不是每个这样的直销组织都能做得很好，也不是每个直销系统的领导者都是一个合格的"序参者"。有些直销组织能够很快发展壮大，而有些直销组织也可能很快消失。

影响到直销系统组织发展的因素有很多，大致可以分为外部因素和内部内素。一般来说，外部因素往往不以直销系统领导者的意志为转移，也不是他们能决定得了的，因而直销系统领导者作为直销系统的"序参量"对直销系统组织发展的影响成为最主要也是最重要的因素（吴宜真等，2014），它是属于直销系统内部的可控的因素。由于直销系统领导者的"序参量"角色合格情况取决于该领导者的特质，因此，研究直销系统领导者特质及其对组织发展的影响成为直销管理中的一个重要课题,也是笔者在多年工作中一直探索的问题之一。

1.2 研究方法

1.2.1 文献研究法

通过对国内外相关文献的研究,本书将关于直销、领导者核心特质及组织发展等方面的学术期刊论文、专家著作、会议论文的典型观点、论述进行汇总、整理和归纳,为论文的研究提供理论支撑,为研究方法和研究角度提供更多借鉴,也对文章的规范起到了一定的引导作用。

1.2.2 专家评分法

根据直销行业从业年限、职称或专业职务、专业业绩或公开发表论著等标准(详见第 5 章)邀请相关专家,收集有关直销系统组织发展的相关因素,作为后续问卷调查的依据。

1.2.3 主成分分析法

主成分分析简称 PCA,是一种多变量统计方法,基本原理在于用较少的综合变量替代多个随机变量,并做到尽量少丢失变量所携带的信息,并且使彼此之间互不相关(刘坚等,2005)。它通过正交变换将一组线性相关性较强的变量转换为一组线性不相关或相关性较弱的综合变量,转换后的这组综合变量通常称为主成分。在实际问题中,为了全面分析问题,往往尽可能多地提出与此问题有关的变量或因素,因为每个变量都在不同程度上反映这个问题的某些信息。然而变量个数太多不仅会增加问题的复杂性,而且变量之间的高度相关所导致的信息重叠最终会影响分析结果的稳定性,因此人们自然希望用尽可能少的变量个数得到更多的信息量。主成分分析正是设法将原来众多的、有较大相关性的变量重新组合成一组新的相关性较弱的几个综合变量,同时根据实际需要从中可以取出几个较少的综合变量以尽可能多地反映原来变量的信息的多变量统计分析方法。

本书在问卷调查的基础上,设计分析问卷,收集与直销系统组织发展相关的因素,借助主成分分析提炼出直销系统组织发展的核心要素,并以此为基础,运用层次分析法将直销系统组织发展核心要素进一步浓缩为一个组织发展综合指标，并在此基础上建立直销系统领导者特质对直销系统组织发展的影响模型。

1.2.4 层次分析法

层次分析法简称 AHP，是指将一个复杂的多目标决策问题作为一个系统，将目标分解为多个目标或准则，进而分解为多指标或准则的若干层次，通过定性指标模糊量化方法算出层次单排序（权数）和总排序，以作为目标（多指标）、多方案优化决策的系统分析方法。层次分析法的基本原理是将复杂系统中的各种因素，依据相互关联及隶属关系划分为一个递阶层次结构，依赖专家经验及直觉评判同一层次内因素的相对重要性，并用一致性准则检验评判的准确性。然后在递阶层次结构内进行合成，以得到决策因素相对于目标的重要性的总排序（朱建军，2005）。

本书首先运用层次分析法对主成分分析法得出的直销系统组织发展的六个核心要素的相对重要性进行评价，得出每个核心要素的重要性得分。之后分别以组织发展的各核心要素及组织发展综合指数等为目标，对不同类型的直销系统领导者特质的相对重要性进行分析，得出本书的重要结论。

1.2.5 案例分析法

为检验本书所得模型的可应用性，本书选择 JK 公司的 31 个直销系统进行实证分析。各直销系统领导者特质及其组织发展要素指标的评估通过问卷调查及相关人员打分来获得。

1.3 研究内容及结构

1.3.1 主要研究内容及创新点

1. 主要研究内容

1）影响直销系统组织发展的因素分析

本书在对直销系统及其组织发展特点进行深入、系统阐述的基础上，找出直销系统组织发展中存在的问题，并将影响直销系统组织发展的因素分为外部和内部因素进行分析，外部因素包括政策法律法规、舆论舆情、新营销模式、新冠疫情及直销公司，内部因素主要是直销系统领导者特质。

2）直销系统领导者特质

根据 DISC 理论，任何人的特质都可以分为 D、I、S、C 四种。本书也将直销系统领导者按 D、I、S、C 四种特质进行归类。先通过访谈与问卷调查，对直销系统领导者所具有的特质进行初步分析，再结合具体案例分析这四种领导者特质类型的具体表现。

3）不同特质领导者在直销系统组织发展不同时期的作用分析

多年的直销管理经验表明直销系统的组织发展大致可分为三个时期：孕育期、成长期和裂变期。本书在对各个时期的组织发展特点进行分析的基础上，深入探讨不同特质领导者在该时期所起的作用。

4）直销系统组织发展要素构成

直销系统是一个自组织体系，无论组织结构还是成员构成都是复杂的、多样性的，因此直销系统的组织发展必然从多个维度体现出自己的特点。本书在研究组织发展相关文献的基础上，根据直销系统组织发展的特点，邀请行业专家通过头脑风暴的方式尽可能多地收集直销系统组织发展的构成因素，然后对所收集的各因素进行分析，筛选出 30 个因素，再设计量表进行调查，最后借助主成分分析方法提炼出直销系统组织发展的六个核心要素。

5）直销系统组织发展核心要素的重要性比较

直销系统组织发展的核心要素对组织发展的作用是不同的，因此重要性也不同。本书通过设计两两重要性比较的调查问卷，请资深的系统领导者填写问卷，再借助层次分析法对所收集的信息进行分析，得到各核心要素对组织发展的相对重要性指标，并由此构建出直销系统组织发展综合评价模型。

6）不同系统领导者特质对组织发展的优势比较

任何一种领导特质对组织发展而言，优势和劣势都不是绝对的，因为组织发展体现在不同方面，有多种构成要素。本书选择不同的组织发展核心要素作为目标设计问卷，对 D、I、S、C 四种领导者特质类型进行优势比较，并结合 4）中得到的各核心要素权重指标，得到 D、I、S、C 四种类型的领导者特质对组织发展相对优势指标。

7）直销系统领导者特质对系统组织发展影响的实证研究

为了验证 6）中所得结果，本书选取 JK 公司 31 个直销系统，测试各系统领导者特质，邀请相关专家对被测试的直销系统的组织发展各核心要素进行评分，并以各直销系统领导者特质作为自变量，以各直销系统组织发展综合指数作为主观因变量，以各直销系统 2017 年和 2018 年实际营业额作为客观因变量，借助方差分析方法分析直销系统领导者特质对系统组织发展的影响。

2. 创新点

第一，首次将 DIBC 理论运用于直销系统领导者特质研究，并运用层次分析法对 D、I、S、C 四种类型领导者对直销系统组织发展的相对优势进行比较分析，建立 D、I、S、C 对系统组织发展的优势分析模型。

第二，运用主成分分析法提炼、构建直销系统组织发展要素，并借助层次分析法对各构成要素进行重要性对比分析，构建出直销系统组织发展综合评价模型，这一研究未曾在以前相关文献中见到。

第三，通过对直销系统领导者特质及其对系统组织发展影响的实证分析，得到一些对实际应用有价值的结论，为直销公司及直销系统制定培训方案、完善培训内容提供必要的依据。

1.3.2 本书结构

本书主要研究内容有七大部分（图 1-1），具体如下：

第 1 章是引言。对本书的研究背景、研究方法、研究内容和研究意义等进行概述，以确定整个研究思路和研究方向。

第 2 章是相关理论与文献综述。对本书相关的概念进行明确的界定，同时对国内外相关研究包括直销、直销系统和领导者特质、组织发展等理论进行系统梳理与总结，以把握当前相关研究领域的最新资讯，也为后续研究提供理论依据。

第 3 章是 JK 公司简介，介绍了发展历程、企业文化、价值观、组织架构、市场经营情况，选取直销企业 JK 公司所属的直销系统，并对该系统的领导者特质及直销系统组织发展进行相关数据分析。

第 4 章是影响直销系统组织发展的因素分析。在全面阐述直销系统组织发展及其特点的基础上，对影响直销系统组织发展的外部因素（包括政策、法律法规、社会舆论舆情、新营销模式、新冠疫情、直销公司等）和直销系统内部因素（主要是直销系统领导者特质等）进行了深入、系统的分析。

第 5 章是直销系统领导者特质对组织发展的影响。直销系统组织发展的相关指标是在文献研究及广泛调研基础上先进行初步筛选，运用主成分分析方法从初选出的因素中提炼出直销系统组织发展的核心要素。再运用层次分析法进一步将核心要素综合成一个组织发展指标。最后选取 D、I、S、C 四种领导者特质类型作为模型构建的自变量，运用方差分析法构建出直销系统领导者特质对直销系统组织发展的影响模型。

第6章是直销系统领导者特质对组织发展的影响实证分析。选取JK公司31个直销系统作为本次研究的实证案例。先由相关专家对所选系统领导者特质及组织发展核心因素进行打分，再借助相关分析方法验证模型的有效性。

第7章为结论。对全文研究结论进行归纳和总结，并对目前尚无法定论的问题进行讨论，以及对今后的研究问题提出展望。

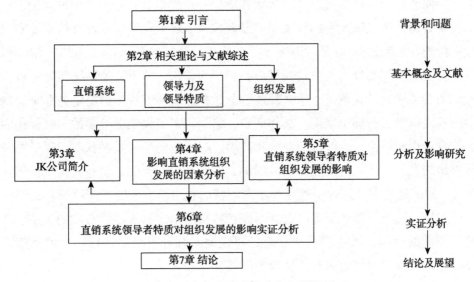

图1.1 研究内容及论文组织结构图

1.4 研究意义

1.4.1 理论意义

本书的理论意义体现在两个方面：

第一，直销系统是一个具有自组织特点的组织系统，与他组织不同，直销系统领导者不是由更高一级组织领导提拔，而更多依靠直销人员自我的成长和提升，因此直销系统领导者应具有与他组织领导者不同的特质。现有文献对直销系统领导者特质的相关研究几乎空白，本书不仅丰富了直销领域的研究成果，也弥补了领导者特质研究领域的短缺。

第二，本书运用主成分分析法开创性地构建了直销系统组织发展的核心要素指标，再借助层次分析方法将这些核心要素指标进一步综合成一个测量组织发展的综合指标；运用方差分析方法构建出直销系统领导者特质对组织发展的影响模型，无论是在直销研究领域还是在领导者特质及组织发展研究领域，都是前所未有的。

1.4.2 实践意义

直销系统是一个人员结构相对松散的组织，其成员来自不同的行业，拥有不同的职业背景，对直销人员的管理和培训一直都是具有较高难度的课题。本书关于直销系统组织发展的相关研究及其成果，对于直销企业及直销系统实现有序管理、规范发展，以及对组织领导者的选拔及培养都具有较强的指导作用，可以为直销系统领导者的筛选与培养提供一定借鉴；关于直销系统领导者核心特质的相关研究及其成果，可以为直销企业及直销系统科学制定培训方案和培训内容提供珍贵的理论依据。具体而言：第一，本书提供了可靠的、可量化的组织发展指标体系，能够帮助观测和持续追踪直销组织的发展状况，便于管理者对组织发展中产生的问题给予及时的调整和纠偏。第二，本书通过对直销企业 JK 的实证研究，发现了领导者不同的特质在组织发展的不同阶段对组织影响的差异，便于管理者动态地理解领导者特质与组织发展不同阶段的关系，并基于不同的组织发展阶段灵活且有针对性地对领导者特质进行正向的调整或补充，从而推动直销组织长期健康地发展。

其次，直销系统中的领导者与正式组织的领导者有着明显的区别，其领导力是驻留在下属那里的，他们的领导地位不是被任命的，而是在组织发展过程与组织成员相互合作中获得的。他们的领导影响力不是来自职位赋予的权力，而是来自非职位权力的影响力，这种不运用职位权力而使他人做事的能力，具有自我修复和自我演化、进化的属性。研究直销系统领导者特质对组织发展的影响，对于具有弱化职位权力管理特点的部分商业组织、医院、团队或社会团体组织的发展同样具有较大的借鉴意义。

本书结果表明，没有一种特质对直销系统组织发展的各个方面都具有绝对优势，这充分说明"没有完美的个人，只有完美的团队"（R. Meredith Bebin，2017；崔建中，2010）。直销系统领导者要求自己追求完美当然很好，但敞开胸怀，广纳人才，组建一个完美的团队会更现实，也更容易实现。

第 2 章

相关理论与文献综述

2.1 直销及直销系统

2.1.1 直销概念

直销是一种被广泛关注且倍受争议的营销模式。虽然直销是人类最早的商业配销方式,但是并没有被人们很好地了解,更不被学术界所重视。直到 19 世纪后期,才有学者和机构对直销给出明确的定义。美国最早研究直销的两位学者——美国德州大学奥斯丁校区的罗伯特 A. 彼德森(Robert A. Peterson)教授和圣地亚哥州立大学的托马斯 R. 沃特巴(Thomas R. Wotruba)教授(1996)在对之前的直销定义进行归纳和分析之后,认为很多定义或是因为形式的问题或是因为太过广泛而不能将直销和其他形式的营销方法区别开来,直销定义应该既能充分准确地使有意义的沟通成为可能,又足够宽泛以指导学术和实践活动。因此,提出了一个表面上看起来简单却可以满足上述两个标准的中间层面的直销定义:"直销是在固定的销售场所之外的一种面对面的销售。"他们所给的这个直销定义虽然不十分完美,但明确了直销的本质,并且能够使直销和其他营销方法区别开。彼德森和沃特巴的直销定义与美国直销教育基金会 1992 年的直销定义"在固定的商业场所之外,主要是在居民住宅中,通过个人(卖方向买方)接触的一种分销消费品和服务的方法"大同小异(鲁玲,2006)。彼德森和沃特巴对直销的定义无论是在业界还是学业中一直都有很大的影响力,也被众多学者采用和引用。之后很多机构及直销研究者也都对直销进行过定义,但都是基于彼德森和沃特巴定义的延伸和说明。

陈得发将直销分为广义直销和狭义直销。广义直销是指产品制造、生产者或进口商直接将产品销售给最终消费者的销售方式，譬如农夫将农产品直接卖给消费者，渔夫将鱼货直接卖给消费者，百科全书进口商直接将书卖给消费者等；狭义直销是指产品制造、生产者或进口商通过直销商（兼消费者），以面对面的方式，将产品或服务介绍、销售给消费者的销售方式，直销商不是公司的员工，通常在固定的销售场所进行（车山，2010）。陈教授的定义里，除了强调"没有在固定的销售场所"及"面对面"之外，还特别说明广义直销的销售者是产品的生产或制造者或进口商即商品所有者本身或其聘用的员工（代理），狭义直销里的销售者是具有消费者身份的直销商。

杨明君认为直销是一种个人创业模式。从企业层面看，直销是一种更有生命力的营销方式，它将心理学、倍增理论、消费获利思想和直销结合在一起，因此调动了人的主观能动性、创造性，从而打开产品销路，给企业带来利润。

我国在 2005 年出台的《直销管理条例》中将直销定义为"是指直销企业招募直销员，由直销员在固定营业场所之外直接向最终消费者（以下简称消费者）推销产品的销售方式"。本条例所称直销企业，是指依照本条例规定经批准采取直销方式销售产品的企业。本条例所称直销员，是指在固定营业场所之外将产品直接推销给消费者的人员"（中华人民共和国国务院令第 443 号，2005）。在中国境内，企业开展直销应当取得直销经营许可证，其代表该企业有资格从事直销经营，未取得直销经营许可证不得在中国境内从事直销经营活动。在中国，传销是非法经营行为，被明令禁止。直销企业招募直销员，不以交纳费用或者购买商品作为条件。直销公司以销售产品为主，品质有保证，并且有良好的退货体系和售后服务。

世界直销协会联盟作为全球直销业的权威组织，将直销定义为"直销是将消费类产品或服务直接销售给顾客的销售方式。直销通常是在顾客本者或是他人的家中发生，也可以在诸如顾客的工作场所等其他非商业店铺的地点开展；直销通常是由直销人员通过产品或是服务的讲解和示范来进行"。该定义特别强调直销的产品是"消费类产品或服务"，非固定地点"通常是在顾客本人或是他人的家中"，销售的主体是直销人员，销售的方式往往是产品或服务的讲解和示范。

随着互联网尤其是移动互联网的普及，人们的社交方式、沟通方式、购物方式都发生了很大变化，直销的表现形式、展业方式和运作模式也发生了很大变化，世界直销协会联盟对直销的定义也与之前有较大的改变。目前该组织（2020）对直销的定义是"*直销是向消费者经销产品与服务的一种零售渠道，这一渠道被全球顶级品牌以及小型创业公司广泛采用。直销企业所销售的各类产品和服务包括珠宝首饰、厨具、营养品、化妆品、家居用品、表现能源、保险等等*"（WORLD FEDERATION OF DIRECT SELLING ASSOCIATION, 2022）。

世界直销协会联盟强调"直销渠道不同于广义上的零售方式，这种差异至关重要。它不仅将出色的产品和服务送到消费者手中，也为拥有创业思维的人提供了一种可以独立工作，并用更低的启动成本和间接成本开创事业的途径"（WORLD FEDERATION OF DIRECT SELLING ASSOCIATION, 2022）。

对于直销从业者的从业动机及工作方式，世界直销协会联盟认为："世界各地数以百万计的人们选择直销，因为他们喜欢某家公司的产品或服务，并希望以折扣价购买。有些人则决定将这些产品卖给朋友、家人和其他人，并从销售中赚取佣金。最成功的直销顾问可以决定通过建立直销员网络来拓展业务。直销顾问独立工作。虽然他们隶属于使用直销渠道的企业，仍拥有按自己的情况开展事业的自由。他们主要通过面对面的讨论和演示，与潜在客户建立起强有力的人际关系。在这个社交网络的时代，直销对于许多企业和产品线而言是一项打开市场的关键战略，可能比传统的广告宣传或保证优越的货架空间更为有效"（WORLD FEDERATION OF DIRECT SELLING ASSOCIATION, 2022）。

世界直销协会联盟在新的直销定义里不再强调"面对面"，也不再强调"没有固定地点"，而是强调直销是一个被全球顶级品牌及小型创业公司广泛采用的一种零售渠道，并认为这种渠道不同于广义上的零售方式，它不仅将出色的产品和服务送到消费者手中，也为拥有创业思维的人提供了一种可以独立工作并用更低的启动成本和间接成本开创事业的途径。

直销分为单层次直销和多层次直销，二者的区别主要体现在计酬方式的不同。单层次直销模式下，直销商的计酬依据仅限于他自己的销售（包括消费）及服务业绩；而在多层次直销模式下，直销商可以从两个方面获取报酬：一方面来自自己的销售（包括消费）及服务业绩，另一方面来自所介绍或推荐的直销商的销售及服务业绩。刘玉凤（2012）指出，单层次直销即介绍提成模式，例如保险公司、期货公司的经纪人都是无工资的，靠自己的人际关系销售产品并获得提成，但开发的顾客没有成为销售人员，没有形成层级结构。多层直销则是根据公司的奖励制度，直销商兼消费者除了将公司的产品或服务销售给消费者之外，还可以吸收、辅导、培训消费者成为他的下级直销商，他则成为上线直销商，上级直销商可以根据下级直销商的人数、层级数、业绩晋级，并获得不同比例的奖金。

王万军（2005）认为直销之所以在中国颇受欢迎，是因为中国是一个关系社会，其基本结构为差序格局，即中国人的小圈子。佩奇亚兰（Pei-Chia Lan，2002）提出基于社会网络的经济活动的嵌入包含网络建设这一动态过程，即网络化。吴宜真等人（2014）认为直销的网络化过程由两部分组成，一是直销组织分销商的选择、调动和通过激活各种个人关系来建立业务联系。二是直销组织分销商为了巩固信任和解决基于网络的经济活动中所固有的紧张局势而采取的策略。

2.1.2 直销特点

（1）直接销售。产品销售实现了从生产厂家直接到最终消费者的转移，没有经销商、代理商、批发商等中间环节，节省了传统流通环节的费用，更利于从生产到销售环节的过程管理及信息的双向流通，便于直销公司政策的调整及实施。

（2）网络构建。利用网络来组建庞大的直销员队伍，并通过网络来实现产品的销售及直销员奖酬的计算等。网络的下线以直销员自己推荐或间接推荐的形式发展，从而逐步形成自己的销售部门。针对直销网络的复杂性，直销公司通常会制定严格的网络管理制度，包括如何发展人员、如何管理人员、如何计算奖酬等，部门可以继承或转让。

（3）多重身份。直销员不仅是业务员，更是直接消费者。直销企业总销售额的 70%以上实际由直销员自己所消费，因此直销员实际上是最大的消费群体，而且是忠实的消费群体。他们重复性购买，其奖酬一部分即是其消费产品的惠利。

（4）产品讲解和示范。直销人员在产品销售前，通常会安排详尽的产品讲解和示范，尤其是高附加值的产品。直销员通过现身说法，传递给消费者更多的信息。通过产品讲解和示范，消费者可充分了解产品，激发购买欲望。所以一般来说复杂的产品用直销方式比较有效（刘海曙，2004）。

（5）直销会议。开会是直销的重要展业方式，内容涉及产品说明会、业务推荐会、经验分享会、表彰会和旅游研讨会等。产品说明会针对产品销售，业务推荐会则是品牌宣传、招募新直销员的重要途径，与会者很多是直销的潜在发展对象。新直销员通常在参加了各类业务说明、经验分享、各种理念推介会后加入直销行列，而表彰会及旅游研讨会则用于对直销员的激励。

（6）无店铺销售。直销的销售地点一般不固定，往往是直销员自己选择在家中、上门或在工作场所等地销售。销售地点、时间不固定，便于消费者购物，也能照顾到部分直销员的兼职。

2.1.3 直销系统

1. 直销系统定义

直销系统是直销团队、直销体系、直销商组织或直销商网络的统称，是一个在直销界被经常使用的通用概念。黄英姿（2007）认为在多层次直销模式下，直销商可以介绍他人加入，依照介绍被介绍关系相互联系在一起组成上下线关系，形成多层次的直销商网络或系统。老风（2006）定义"直销系统，是在直销团队营销实践过程中，由某团队领导人或领导集团发起成立的、具有明显区别于其他团队的共同系统特征的松散型组织"。认为直销系统是多层次直销发展到一定阶段必然产生的最高形式。

《何谓"系统"》一文的作者认为在系统功能的判断上，系统是由价值观趋同、目标一致的直销人构成的组织，这一观念被大多数直销领袖所认同。

直销系统区别于其他经济组织的特征主要有三个：第一，直销商既不是直销公司正式的员工，也不是直销系统的员工，只是直销公司及直销系统的独立分销商；第二，没有固定的零售地点或者大量广告，直销系统单纯依赖直销商的个人关系，通过面对面的方式来接近顾客达成销售；第三，直销系统直销商招募其他人并组成多层次的发起人网络，这些网络同时还是基于资格高低获得分销报酬的等级系统制约下的财务连结（吴宜真等，2014）。

徐静（2004）认为通常所说的直销系统是指随着直销公司销售团队的扩大、人员的增多、跨国跨区域经营的形成，属于同一系统体系、因上下级关系遵从复制的、经过多年的团队运作而自然形成的各种综合的销售经验，最终将适合于不同肤色、不同地域、不同国度、不同信仰的人群使用。她还提出系统是概念也是体系，在直销行业里，只要有销售团队存在，就会有系统概念存在。对于一个刚刚步入直销行业的人来说，系统只是一个概念，看不见、摸不着。而对于一个长期从事直销并组建了销售团队的直销商来说，系统就是一个实实在在的实体。直销组织经常被描绘为以同阶层合作和情感连结为特点的，像家庭一样的环境设置，与其他受官僚主义和竞争原则支配的工作场所形成鲜明对比（吴宜真等，2014）。

洪海江（2006）认为系统是直销行业的一个特殊名词。这里的系统和直销公司之间没有必然的联系，与直销公司之间不存在任何法律关系。系统是由于一个或几个非常成功的直销商的关系建立起来的、相对松散的营销人员的联合体。这种联合体的核心是一个或几个成功的直销商，他们有自己独到的经营理念，有共同认可的核心价值，有类似的生意手段，采用类似的传播手段。

郭宇星（1998）定义的直销组织单指某直销商以下的下线组织。由于每一个直销商都是独立的个体，所以直销组织网在结构上不像传统销售网络般严谨，因此直销组织经营的重点之一是如何凝聚各阶层的共识，让组织网变成一部有效率的事业机器。除了共识的凝聚，在直销组织的经营与管理中，一个使人信服的决策领导层对直销事业的发展与成功非常重要（陈得发等，1998）。

2. 直销系统的组织发展特征

老风（2006）认为直销系统相当于一个虚拟专业营销企业，有一个具有强大人格魅力或影响力的核心领袖；系统成员之间依赖共同利益相互联系在一起，有着共同文化特征及共同思想情感。

《何谓"系统"》一文的作者认为利用培训教育树立趋同的价值观，建立完整咨询线和管理系统，通过对工具流的使用实现100%复制，建立相互信任以维系紧密的个人关系，营造积极向上、团结互助的系统氛围是衡量一个直销组织是否能称为系统的重要标准。

蔡志章（2000）认为上下线关系是直销组织发展的最基本的结构，也是最主要的力量。另外，多层次直销组织在人员结构上呈现金字塔形状，即基层直销商人数庞大而高层直销商人数稀少，晋升条件越严格的直销公司这种现象越明显。在奖金分配方面也呈现正金字塔结构，即上层的奖金丰厚，基层较微薄。对于多层次直销组织而言，每一位直销商都是独立经营的个体，而且各个独立经营的直销商都与多层次直销组织中其他成员相辅相成。

林军（2005）认为如果要寻找学习型组织最密集的行业，直销业是当之无愧的，直销员和经销商构成典型的学习型组织。陈得发等人（1998）认为随着直销市场竞争的加剧，未来市场经营者不仅要有效地整合企业内、外部资源，更要在组织经营的每一个环节创造其独特的竞争优势，也唯有通过规划完整的人员招募、教育训练、激励奖励措施与标准化的实战技术演练，一个直销事业体的创业精神、组织文化与团队凝聚力才得以代代相传，延续不断。李大韬（2006）认为国内直销业的运作系统化的趋势越来越显著，各系统都有一套运作模式，但很多系统仅仅有系统之名，并不具备完整的系统框架，包括成型的理念、文化，很多是单纯地模仿其他成熟系统，这也验证了成立时间越久的系统因经验的累积而形成的知识基础是未来发展的基石，历史越长，成员背景越多元化，系统的成功概率越高的说法。李大韬（2005）认为在国内直销的风雨十年里，很多直销公司、团队领导者都在纷纷打造自己的系统。

李健（2014）认为直销的本质是建立在人际网络之上的一个特殊销售渠道，人际关系网络是直销人员的社会资本，人际网络与资本的结合可以产生无限的资本，直销人员通过人际关系网来发展客户从而产生业绩。随着直销行业的发展规模不断扩大，人际关系网络的构建在直销体系中发挥的重要性也逐渐显露，直销人员只有依靠庞大的人际关系网络，才能创造财富。人具备社会群体性特征，社会关系的维护需要不断地与他人交流、沟通来实现，通过人与人之间的连接，不断扩大朋友圈，形成复杂的人际关系网络。在人际关系构建过程中，情感和价值上的共识往往是联系的基础，通过一系列的社会活动发现和产生共鸣。在人际关系网络中，不同的人占有的地位和亲疏关系有所区别，根据这种差距人所表现出来的态度和行为也会发生相应的变化。

2.2 领导特质与 DISC 理论

2.2.1 领导者

彼德·G. 诺特豪斯（Peter G. Northouse, 2017）定义"领导是一个人影响一个群体实现一个共同的目标的过程"；加雷思·琼斯等人（Gareth Jones et al., 2016）认为领导是个体对他人施加影响，鼓动、激励并指导他人活动，以实现团队或者组织目标的过程，施加这种影响的个人就是领导者。翟培基（2004）定义领导者是指担任一定的职务，享有一定的职务权力，履行一定领导职能的人。伯恩斯（Burns, 2007）将领导者描述为能够激发追随者的积极性，从而更好地实现领导者和追随者共同目标的个体。

刘红兵（2008）认为领导就是叫人做一件原本不想做的事。直销领导人除了具备一些内在的特质外，还应该扮演如下角色，即"愿景的勾勒者，变革的发起者，内心力量的激发者以及价值的创造者"。辜千祝（1996）认为作为直销组织的各个级别的领导者人物，不但拥有象征资本（各类头衔及公司给他们的相关荣誉）、经济资本（直销收入），同时也拥有文化资本（直销体系所推崇的理念、价值、生活知识、言谈举止、待人处世之道及生活方式）。苏坤树等人（2005）认为直销团队的领导不是最有知识的人，也不是奖衔最高的人，更不是加入最早的人，而应该是团队里综合素质最高的人。陈杰（2005）认为直销领导人是知道带领团队成员去完成使命的人。狄恩·布莱克（2005）认为在直销事业中，领导者是指对其团队负责任的人。

尽管学者们对领导者的定义各不相同，但有三点相似的因素存在其中：第一个因素是领导者不能脱离下属而独立存在，其本身是一个群体现象，这个因素表现了一种存在于人和人之间的明显的关系，一种影响和服从的关系，同时又是一种相互的关系；第二个因素是一种目标导向关系，领导者会为了实现某个特定的目标，运用自己的能力和魅力引导下属去实现目标，而领导者本身会在团队中起到鼓舞士气的积极作用；第三个因素是等级划分，任何有领导者存在的组织都会有等级上的区别，存在于高层的就是领导者。

2.2.2 领导力及领导特质

大卫·V. 戴等人在 2015 年提出，尽管领导力的定义多种多样，但原则上，我们可以根据以下两点来定义它：一是领导者与追随者之间的相互影响过程，二是这一过程产生的结果。此外，我们还可以通过考察领导者的性格特征与行为、追随者的认知与特质，以及影响过程发生时的情境来解释这一影响过程。

王芳（2010）界定领导力由多种特质组合共同决定，主要包括智力、人格、价值观及与领导情境相关的一系列人际技能、问题解决能力。特质不再是传统意义上的天生特质，而是指可以发展、变化的个体特征，尤其强调某些能激发追随行为的特定领导者品质。

邓显勇（2009）从理论与实证分析相结合的角度出发，将领导者特征分为知识技能、能力特征、人格特征与行为特征等四个方面，在此基础上他选取了处于素质结构底层的人格、对团队产生直接影响的行为两大特征为研究对象，进行实证分析，最终论证了领导者特质与其人格、行为等的相关关系。

赵国祥等人（1999）运用自编直销人员心理品质测评量表对183名优秀直销商进行测试，并对测试结果进行因素分析，抽取出优秀直销商必备的五项主要心理品质，即自我控制力、成就动机、社会适应性、推销技巧、职业兴趣。

魏文辉（2007）认为直销团队领导人需要的素质和能力有以下11个方面：正确的价值理念、高度的责任感和崇高的人生理想，以及敏锐的政治头脑、很高的理论水平、很好的文字水平和演讲能力、非凡的人格魅力、极强的应变能力、丰富的实战经验、很强的组织指挥和驾驭团队的能力、即时发现问题和解决问题的能力、很强的学习力、雄厚的知识功底。

杨小红等人（2009）提出中外成功的直销商在领导力方面存在共同的、重要的特质：以身作则；良好的人际关系；有效的沟通；有效率；持续学习；对不同成长阶段的下级采用不同的领导方式；在逆境中坚持。直销商在直销行业中取得成功的关键是领导力，领导力就是影响力，就是对他人施加影响、赢得追随者的能力。

王梓涵（2014）构建了直销人员胜任力模型，包含七个胜任力指标：关系建立、专业知识、高效领导、积极态度、个性特征、意志品质、成就导向。赫连（2005）认为优秀的直销团队领袖要有敏锐的洞察眼光、别出心裁的构思、坚定的信念、领导者的人格魅力、优秀的品质、丰富的感情和专业的知识。

杨小红等人（2014）的研究结果表明，成功的直销商具有的共同特质包括：强烈的成就动机；能自我控制；在人群中有适应性；对营销、商业有兴趣；具有推销技巧。

杨小红等人（2014）的研究结果表明直销领导人都具有人际关系导向型的领导风格。直销商的领导活动普遍表现出权变性，直销商的影响力主要来源于表率权力和专家权力，其次是奖赏权力和职位权力，缺少惩罚权力。与其他行业的领导者相比，直销商领导权力的这一特征使得对直销商的个人魅力、专业水平要求很高。

"特质"一词在国内外文献中存在含义不明、概念混淆的问题。在不同的时候，表达着不同的含义。《现代汉语词典》对特质的解释是"特有的内在素质"（中国社科院语言研究所词典编辑室，2016）。帕森斯（Parsons，1909）认为特质是指一个人的人格特征，包括人格、价值观、能力倾向、兴趣等。奥尔波特（Allport，1921）提出核心特质对于一个人的人格是基本的，而次要特质是较为外围的，共同特质是那些在一种文化内部和各种文化之间公认的特质，首要特质是其中那些使个体能被强烈辨识出来的特质。卡特尔（Cattell，1995）从心理学角度认为特质是指稳定的、习惯化的思维方式和行为风格，是人独特性的整体写照。安东纳基斯（Antonakis et al.，2017）认为领导者特质是相对稳定并且表现出相对的连贯性的个体特征总和，使领导者在团队中表现出稳定的领导水平。特质既有先天遗传的因素，又有后天通过社会实践所获得的能力与品质，是指一种可表现于许多环境的、相对持久的、一致而稳定的思想、情感和动作的特点，表现一个人的人格特点和行为倾向。

特质是决定个体行为的基本特性，是人格的有效组成元素，也是测评人格所常用的基本单位。特质论认为不同特质构成人的不同人格，依据几个关键性特质或者维度可以区分人格的差异。由于研究者对人格特质的定义不同，因而产生了不同的人格特质理论。

薛维峰（2013）对性格分类理论与模型进行了总结，认为到目前为止，将性格分为三种类型的极少，分四种的比较多，其中很多分类方法所依据的标准都差不多，只是称呼不同，所用的代表符号不同而已，其中的 DISC 理论比较流行；分为五种的不多，最出名的是 PDP（Professional Dynamitic Programs）性格测试系统；分为八种的有卡尔·荣格（Carl Jung）的心理类型论；九种分类法中，被广泛熟知的是九型人格。

DISC 理论由于简便、易操作，同时具有一定程度的准确性和有效性而被广泛应用。廖玉玲（2020）认为 DISC 行为模式有助于提高团队合作效率，在团队建设中有很广阔的应用前景。李红想、杨楠（2019）分析了 DISC 理论在团队建设中的应用。李红想、王硕（2019）总结了 DISC 理论在企业管理者领导力提升中的应用。周科慧（2010）认为 DISC 性格测评对企业有重要意义，有助于了解自己的性格，有助于企业领导的岗位匹配。DISC 理论以性格类型论为出发点，通过提供独特的观察视角应用于管理实践中，有助于领导者正确认识自我和他人，进而用其长处，避其短处。

2.2.3 DISC 理论

1. DISC 基本理论

DISC 的核心理念可以追溯至古希腊时期。希波克拉底誓言的作者医学之父希波克拉底（Hippocrates）最早以四种不同的元素即火、空气、水、土为基础来诠释人类行为模式。许多现代的行为理论均以这四项元素为基础，其中最具影响力的是卡尔·古斯塔夫·荣格（Carl Gustav Jung）将个人行为分为感觉、直觉、情感和思维四种不同的类型（高俪珊，2012）。后来心理学家又提出了数十种不同的行为分类模式，而 DISC 就是其中的一种。

现代的 DISC 理论最早出现在 20 世纪 20 年代，最初用来定义人类的主要情绪类别。1928 年，威廉·莫尔顿·马斯顿（William Moulton Marston）在《常人之情绪》中对 DISC 做了系统的阐述。马斯顿教授在探索情绪反应的运作机制时认为，人们的情绪反应主要是由内在的"自我能量"所决定的，而这些内在能量的基本载体是一种被称为"精神粒子"的东西。"精神粒子"的存在与结合产生了能够制造"自我能量"的两个反应元素——运动神经本性与运动神经刺激，这两者在人体内部所发生的对抗或联合行为产生了四种主要情绪，即 Dominance（支配）、Inducement（诱导）、Submission（顺从）、Compliance（服从），以这四项因子的英文名第一个字母而命名为 DISC，这就是 DISC 的由来。马斯顿发现行事风格类似的人会展现出类似的行为，而这些行为也会表现为一个人处理事情的方式。

2. DISC 理论内涵的发展

不同的研究者对 DISC 理论有不同的新解，经过不断的发展，DISC 的内涵和外延都发生了巨大的变化（见表 2.1），主要用来描述人们不同的性格和行为，并进一步将这个理论发展为 DISC 测评，以简化对人的心理和行为特征的认识。

高俪珊（2012）分析了 DISC 四种类型的内涵和特征（见表 2.2）。肖恩·弗万·布勒克等人（Shaun Fvan Blerk et al.，2013）根据个体处于不同环境中的行为偏好和风格，将所有人分为支配型、影响型、稳定型、遵从型四种类型。通过 DISC 个性特征分析，分析团队中成员的行为特征，了解每个员工的工作偏好及他们对于组织的优势与局限性，不仅可以知人善任，优化团队组合，还可以开展团队成员的行为管理与调整，改善沟通和协作，提高团队工作效率，提升团队士气和凝聚力，进而打造一个求同存异的高绩效团队（见表 2.2）。汤姆·里奇等人（Tom Ritchie et al.，2018）认为 DISC 是一种工具，可以帮助人们以前所未有的深度了解自己在各种情境下的感受和行为模式，DISC 中的 D、I、S、C 维度表示在特定情境下人们的思维、感受和行为模式，并对每个维度进行了详细、深入的分析（见表 2.2）。郑世林等人（2019）也通过研究分析整理了 DISC 四种行为风格的典型特点（见表 2.2）。

表 2.1 DISC 四因子的演化对照表

DISC 理论原型	DISC 理论新解（源自后来不同研究学者）	与 DISC 相关的英文单词
Dominance（支配）	Dominance（支配） Director（指挥者） Dominant（支配）	Dynamic（精力充沛的） Driving（强推动性的） Demanding（苛求的） Determined（坚决的） Decisive（果断的） Dogmatic（自以为是的） Defiant（反抗性）
Inducement（诱导）	Influence（影响） Interact（互动） Influencer（影响者） Influencing（影响）	Inspirational（鼓舞人心的） Inducing（引诱的） Impressive（印象深刻的） Interactive（互动的） Interesting（有趣的） Impressionable（易受影响的） Inconsistent（反复无常的）
Submission（顺从）	Steadiness（稳健） Steady（稳定） Supporter（支持者）	Supportive（支持的） Submissive（顺从的） Stable（稳定的） Sentimental（感伤的） Shy（害羞的） Specialist（专职的） Status-quo（维持现状的） Security（保障性） Spectator（旁观者）
Compliance（服从）	Compliance（服从） Conscientiousness（尽责） Corrector（修正者） Conscientious（认真） Compliant（遵从） Cautious（谨慎）	Competent（称职的） Control（抑制的） Concerned（忧虑的） Careful（细致的） Contemplative（好沉思的） Critical thinking（批评性思考） Consistent（一致的）

资料来源：威廉·莫尔顿·马斯顿. 常人之情绪：DISC 理论原型[M]. 李海峰，肖琦，郭强，译. 北京：电子工业出版社，2018.

表 2.2 不同类型特质人群的行为表现

类型	作者	行为表现
D 型	高俪珊（2012）支配型	以问题为导向、对现状提出质疑、勇于接受挑战、下决心很快、发号施令、行动积极、立刻要结果、克服困难
	肖恩·弗万·布勒克等人（2013）支配型	指挥者、在敌对的环境中主动采取行动掌控局面
	汤姆·里奇等人（2018）支配型	直接、果断，出现压力时专制、跋扈
	郑世林等人（2019）支配型	坐标理性、直接，需要权力、控制、地位，要求他人回答直接、拿出成果，喜欢做决定、发号施令，讨厌失去掌控、自尊被伤、被人利用；压力下的表现粗鲁、丧失耐心。正面特点独立、果断、意志力强，目标感使命感强，负面特点不善与人配合、武断、易于激进、忽略他人感受

续表

类型	作者	行为表现
I 型	高俪珊（2012）影响型	喜欢交朋友、善于说服他人、营造热闹气氛、能振奋人心、脑筋快、点子多、自由不喜受拘束、乐观情绪化、容易亲近
	肖恩·弗万·布勒克等人（2013）影响型	社交者、在友好的环境中变得活跃
	汤姆·里奇等人（2018）影响型	乐观、开朗，出现压力时夸张、过分吹嘘
	郑世林等人（2019）影响型	坐标感性、直接，需要认同、快乐、赞美，要求他人讲究信用、给予声望，喜欢对人讲话、得到关注，讨厌孤独、失去认同；压力下的表现轻率、情绪化。正面特点活泼、热情、善于营造氛围与描绘蓝图，负面特点"人来疯""自来熟"、无法兑现承诺
S 型	高俪珊（2012）稳健型	决策态度谨慎、忠诚度高、避免冲突、对事专注且有恒心、善于倾听与安抚、做事按部就班、追求一致性、乐于提供协助
	肖恩·弗万·布勒克等人（2013）稳定型	支持者、在友好的环境中被动服从
	汤姆·里奇等人（2018）支持型	善解人意、愿意协作，出现压力时默不作声
	郑世林等人（2019）稳健型	坐标感性、间接，需要稳定、保障、归属，要求他人提供保障、传递温暖，喜欢保守、倾听、团队合作、与他人保持一致，讨厌变化、冲突、失去保障；压力下的表现跟风、犹豫不决。正面特点坚韧、为他人考虑、做事情按部就班，负面特点顽固、不会拒绝、创新相对较差
C 型	高俪珊（2012）谨慎型	善于逻辑分析思考、收集数据与资料、重视程序与规则、完美主义与高标准、自制力强、尽忠职守、具批判性、充满危机意识
	肖恩·弗万·布勒克等人（2013）遵从型	思考者、在敌对的环境中小心做出试探性反应来降低对抗的程度
	汤姆·里奇等人（2018）尽责型	担忧、纠正，出现压力时回避问题、优柔寡断
	郑世林等人（2019）谨慎型	坐标理性、间接，需要专业、准确、完美，要求他人给出数据、保持距离，喜欢收集资料、思考、专研、批判，讨厌遭受批评、缺乏逻辑性；压力下的表现拖延、钻牛角尖。正面特点精益求精、注重细节、距离产生美、危机意识，负面特点不易快乐、陷入细节、难以亲近、悲观主义

2.3 组织发展

2.3.1 组织与自组织

崔树卿（2012）在对国内外学者对组织定义的代表性成果进行研究后认为，组织是一个开放性动态系统已成为管理界的共识，他发现虽然不少学者已将人的研究作为组织研究的要素,但只是将人作为组织的一种工具来看待,人的能动性特点显示得不够充分。他主张人应该作为组织的一个重要因素来看待,并定义"组织是以人为主体,为了达到某些特定目标,以相互作用、相互制约的资源为基础构成的开放性社会系统"。认为组织存在的价值在于满足利益相关者需求,为了实现这一目标需要系统的理念指导,需要科学合理的系统结构,需要有序有效的运行。强调组织的核心首先是人,组织存在的理由是要实现特定的目标,为了实现组织目标,必须有实现目标的载体,组织作为一个系统,必须是各种资源相互作用、相互制约、开放的有机整体。

自组织用以描述那些自发出现或者形成有序结构的过程。德国科学家协同理论创始人赫尔曼·哈肯(Herman Huckenn)认为,从事物组织起来的方式看,可将组织分为两类:自组织和他组织。如果一个系统在获得空间的、时间的或功能的结构过程中,存在外界的特定干预,就是他组织;如果一个体系在获得空间的、时间的或者功能的结构过程中,没有外界特定的干涉,我们则说该体系是自组织的。这里的特定一词,是指那种结构或者功能并非外界强加于体系的,而是外界以非特定的方式作用于体系的(哈肯,2010)。

才华(2006)界定自组织系统:是指无须外界特定指令而能够自行组织、自行创生、自行演化、自主地从无序走向有序形成有序结构的过程。苗东升(2010)认为自组织系统的特点是自创性和自生性,过程是无序到有序,标志是建立了某种结构,形成了某种模式,创造了某种形态,有了某种功能,出现了某种作用等。方永飞(2016)对自组织模式深度解析后认为:自组织是自由组成团队去解决问题,没有正式的组织边界,一切的组合包括人与人之间的组合,团队建成,都没有任何正式的组织架构;自组织的变化来自底层觉悟,而不是来自企业的权利中心,来自所谓的老板要求,其演变的轨迹通常是非线性的、突变的,具有自我修复和自我演化、进化的属性,员工实现自我管理、自我净化、自我改善、自我驱动;自组织的核心是更多的连接、更好的控制,这控制一定是从下往上的,而不是从上往下的,否则难以持久。

黄英姿(2007)在论述了多层次直销系统的开放性、非平衡性、非线性和涨落性的基础上,认为直销系统具有自组织特征,属于自组织。吴宜真等(2014)从社会自组织的视角提出直销网络的动态构建过程是一个自组织过程,直销网络组织的过程不是在外界的作用下以决定论的范式进行的,也不是按照某种预定的计划进行的;更重要的是,直销网络的秩序(弱关系发展、下线服从上线)、结构（准家庭）、目的（自我认同、自我财富）和功能（个性化服务），都是直销网络自组织过程的要素，同时又是其产物。直销组织是一种具有超凡魅力的组织形式，直销的许多特点其实是由其自组织的特点决定的。

2.3.2 组织发展

组织发展是组织与社会之间的桥梁，这个传统的观点可以追溯到 20 世纪 40 年代的库尔特·勒温（Kurt Lewin）时期（Marty Martin，2016）。勒温提出了群聚力，又称群体凝聚力，其包括对群体的忠诚、对群体工作的责任感、对外来攻击的防御、友谊、志趣相投和思想水平等。认为群体的规模与群体的领导方式有一定的联系，参与式或民主式的领导方式比专权式领导方式能吸引更多的人员来参与。还注意到领导者风格对组织氛围和工作绩效的影响（Kurt Lewin，1939a，1946b，1947c）。

组织发展一直是整个西方世界研究组织变革的主要方法，而且越来越全球化（Bernard Burnes，2019）。弗伦奇等人（French et al.，1978）认为组织发展就是通过一系列活动去提高一个组织的战斗力、效率和士气，这一系列活动由组织成员直接参与，成员寻找各种各样的方法，把组织的事情办得更好。波拉斯等人（Porras et al.，1992）认为组织发展是建立在理论、价值观、战略和技术基础之上的一系列行为，目的在于通过有计划地改变工作设定和成员在工作中的行为，来加强个人发展和提高组织绩效。戴尔（Dyer，1997）认为组织发展是一个过程，由此采取行动释放人们的创新潜能和生产能力，同时达到组织某种法定的目标，如保持盈利性、竞争力和可持续发展。沃伦·本尼斯（Warren Bennis，1969）将组织发展定义为对变革的反应，引入了一种对我们理解组织发展至关重要的概念组织文化，认为"组织发展是一种对变化的反应，是一种复杂的教育战略，试图通过改变信念、态度、价值观和组织结构从而使组织能够更好地适应新技术、市场、挑战以及日新月异的变化"。崔树卿（2012）在组织模型及组织发展影响因素研究中，就组织发展问题从组织环境、组织文化、生命周期三个方面简要说明了影响组织发展的因素和规律，提出由理念子系统、结构子系统、运行子系统、绩效子系统构成的组织系统模型即组织系统架构（见图 2.1）。理念子系统是指由组织文化、经营思想、经营目标、经营战略等组织若干理念构成的体系，对组织具有决定性作用；结构子系统是指包括产业结构、产品结构、人力资源结构、资产结构、组织治理结构、组织结构、组织制度等根据组织发展需求对资源进行配置的框架体系,具有承上启下的作用;运行子系统是包括质量管理、生产运作管理、财务管理、人力资源管理等的组织业务管理的总和;绩效子系统是指包括经济效益、社会效益、生态效益等的一组有效输出的集合。

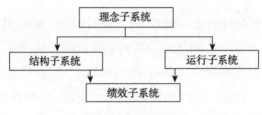

图 2.1　组织模型

资料来源:崔树卿.组织模型及组织发展影响因素研究[D].石家庄:河北科技大学,2012.

大卫·L.布拉德福特等人(David L. Bradford et al., 2020)定义"组织发展是一个全系统的计划变革过程,旨在通过增强组织各维度(包括外部环境、使命、战略、领导力、文化、架构、信息和奖励系统,以及工作规章和制度)之间的一致性来提高组织整体的有效性"。并将组织的基本目标、开放系统的框架、人创造价值、矛盾与权力、价值观与公司文化、变革与创造及关键领导力作为组织发展的七个维度。

2.3.3　直销系统组织发展

直销企业是一种魅力型人物领导者的非科层制组织。它的领袖与科层制的企业领导者不同,他们的权威属于个人魅力型权威(Barthel, 1990)。欧阳文章(2007)认为直销企业和直销员仅是一种短期的雇佣关系。直销企业只负责在直销活动的销售渠道中提供产品和服务,并不会参与销售,直接参与直销活动的是直销员。直销员的身份一般来说是独立的,但实际上直销员的营销运作却并非个人的,往往采取组织模式运作。

陈得发等(2005)将直销组织发展分为三个时期:

一是累积知识与产生共鸣时期。他们认为直销属于流通业,累积知识是不可或缺的要素。直销导入知识管理主要分为两个阶段:①知识流通阶段。这一阶段注重实际的成功经验传承,流通来源主要以内部讲师即成功的直销商为主,这也是直销最丰富、最宝贵的知识来源之一。②运用知识螺旋原理进行知识创新阶段。这一阶段强调成功的模式复制,直销组织的知识是经由内隐与外显知识互动而得，并借助 ABC 法则（附录名词解释）、上线、自习、教育训练等四种模式形成一种知识螺旋以进行直销知识的创新。

二是建立网络时期。直销绝非不劳而获的事业，因为在直销活动中，除了个人的能力、努力是影响直销商成功的重要因素外，关键是必须协助组织体系的下线获得成功，所以直销是一项互利双赢的事业。

三是领导权转移阶段。直销商在建立自己的组织网络过程中，也要让下线组织建立其组织网络，因此，领导权的转移非常重要。

2.4 领导者特质与组织发展

伯森等人（Berson et al.，2008）的研究结果表明领导者价值观通过组织文化与魅力型领导者行为起着间接影响因变量的作用。领导者的价值观与下属的越类似，组织绩效就越好（Giberson et al.，2005）。菲利普等人（Phillip，2006）研究了领导者素质与情景对领导者绩效的关系。卡克和戴克（Kark and Dijk，2007）的研究表明，自我调节点可通过领导者引领他人动机影响领导者行为，从而对下属绩效、群体绩效及组织文化等因变量产生不同的影响。戴志宸（2004）提出领导者自身所具备的素质是其实施领导者决策的内在因素，可以从基础上决定领导者行为能否成功，进而决定企业的发展与收益情况。

罗宾斯等人（Robbins et al.，2012）认为领导者获得人们的合作，会先描绘愿景来建立方向，然后再激励人们克服障碍。组织为了达到目标，必须有一个好的领导者及管理行为，以确保领导者所提供的愿景与策略能够转换为正式可行的计划，通过组织的运作落实执行工作目标，最后监督整个计划的成果以符合组织的策略目标。亚伯拉罕和扎莱兹尼克（Abraham and Zaleznik，2004）在过去的研究中也证实了不同的领导者在带领同一个组织时，会产生不一样的文化形态，同时也会有完全不同的绩效表现。

宋合义等人（2005）研究了在不同组织文化环境中，领导者不同的特质、不同的性格对其绩效带来的影响，并提出了领导者特质与组织文化应该相匹配的建议。龚烨（2010）的研究结果表明领导者的行为和企业成长确实存在相关性，变革型领导者行为对企业成长的正向影响最大。韩樱等人（2011）通过实证研究了情景变量、领导者素质与领导者绩效之间的关系。

很多学者研究了不同类型领导对团队凝聚力及团队绩效等方面的影响（Bakytzhan Alimbekov，2019；张琪，2019；周春城，2019；余钒，2019；谢文钰等，2020）。也有学者研究了不同组织的团队特质与团队绩效的关系（张大伟等，2008；王显成，2009；邓丽芳等，2015）。胡颖等人（2019），何建军等人（2016），黄健（2013）、彭万里等人（2015）从不同的行业角度研究了领导团队的特质与组织绩效或组织效能之间的关系。还有学者研究了不同组织领导者特质对组织凝聚力、团队氛围、团队绩效等方面的影响（林秋晨，2020；张海涛等，2020）。

杨小红等人（2009）的研究结果表明，直销商普遍认为领导力在直销生意中非常重要，成功的直销商具备一些共同的特质。直销商的年收入与领导行为的相关性表现在总收入与消费忠诚度、个人销售业绩、讲解生意计划的次数、参加会议的次数、看书和听碟片、向上级定期咨询、以身作则都呈现显著的正相关关系，其中看书和听碟片、向上级定期咨询、以身作则与总收入的相关程度较强。

吴宜真等人（2014）认为直销网络是一个典型的开放且不均衡的自组织，直销网络中存在各种"精英"领袖，这些领导者在直销网络中是重要的"序参量"。他们的地位不是被任命的，也不是通过消灭和打压其他系统获得的，而是在相互合作、相互协调中取得的。上线的团队领导者自愿在培训和帮助其下线的时候积极扮演多种角色，他们在整个系统中具有决定性作用，影响着整个系统内各个成员之间的集体协同行为，决定着整个系统的有序程度。他们具备处理好各种关系的能力，并且不断学习，更新理念，改善自身的知识结构，从而与外界大系统相吻合，使自己时刻具有远离平衡态的动态稳定有序的耗散结构，保证自己"序参量"的地位。

2.5 本章小结

本书认同世界直销协会联盟最新给出的直销定义，认为"面对面""无店铺"只是直销表面的形式，直销的内涵是它的奖金分配机制。尽管直销的展业形式随着科技的发展有所改变，但直销的内涵及精髓没有变，直销的基本理念没有变，只是直销系统的扩展更加不受时间、空间的限制，更加随心所欲。

本书所论述的直销系统是指在直销公司的奖金制度之下依据推荐及被推荐和服务与被服务关系所构成的直销人员网络系统，以及彼此之间的相互联系及相互制约关系。

存在于组织的顶层，在群体中能够发挥有效性，同时还能够影响其他人或者帮助他人确定方向、达成目标的人称为领导者。本书中的领导者指团队领导。能独立运作、人数达到一定规模的直销系统的创始人，是直销系统组织层次中最顶层的人，是对直销系统关键事务做出决策的人。直销系统领导者与科层制组织的领导者有明显区别，领导力是驻留在下属那里的，他们的领导地位不是被任命的，而是在组织发展过程中从相互合作、竞争中取得的。他们的领导影响力不是来自职位权力，而是来自非职位影响力，一种不运用职位权力就使他人做事的能力。

领导力由多种特质组合共同决定，是一种合力，即领导者与追随者相互作用而迸发出的一种思想与行为的能力，是领导者通常运用的一种非权力性影响力，这种影响力是自然性的、非强制性的；它不凭借单纯的外力作用，而是被领导者在心悦诚服的心理基础上，自觉自愿地接受影响，领导者与被领导者关系和谐、心理相容。本书将领导者特质定义为相对稳定和连贯的个人特征综合体，在不同的组织情境下，能够产生不同的领导者决策行为。这些特质反映了在一定范围内个体的差异，包括个性、价值观、能力与技能。

将"特质"进行分类的理论及方法有很多，DISC 理论就是其中的一种，它将特质分为四种类型，其因简单、易操作而被广泛应用。DISC 理论被称为"人类行为语言"理论，属于心理学研究范畴，它研究的是可辨认的正常的人类行为。

直销系统的组织发展是指直销系统在自我复制及自我发展的过程中所进行的系统内部与外部环境之间的一系列相互作用及相互适应的活动、行为及变化过程。直销管理者经常要思考的一个问题就是："什么特质的直销系统领导者更有利于直销系统的组织发展？"他们也经常与直销专家、直销公司高层管理者及系统领导人探讨这个问题，大部分人都认为"强势、目标感强的领导者业绩应该更好，更有利于团队的发展"。

在长期的直销管理工作中我们发现，有些团队的领导人比较强势，有些领导人服务意识比较强，有些领导人以身作则用榜样力量去影响别人，有些紧跟上一级领导听话照做，直销系统领导者所表现出来的这些典型特质类型与 DISC 的四种类型比较接近。因此，本书选用 DISC 理论作为直销系统领导者特质分类的基本依据，来分析直销系统领导者特质对直销系统组织发展的影响。

第 3 章

JK 公司简介

3.1 公司发展历程

金科伟业集团有限公司总部位于香港，成立于 2008 年，是一家集研发、生产、销售、服务于一体，以健康产业为支柱的现代化高科技集团公司。

2013 年 3 月其投资内地，在广州成立金科伟业（中国）有限公司（JK 公司），注册资本 1 亿元人民币。同年分别在广州和东莞成立广州金科伟业生物科技有限公司和金科伟业（中国）东莞分公司，投资兴建现代化生产基地及 GMP 车间。2015 年 6 月 JK 公司获得商务部颁发的直销经营许可证，开启了直销新模式。2016 年 8 月 JK 公司迁址东莞黄江，11 月被认定为国家高新技术企业。同年收购了广东汇普药业有限公司。2017 年创立了金科健康产业研究院，下设干细胞研究中心、女科医系和保健药物研发中心等，开创了金科伟业健康产业全球化新道路。2016—2018 年连续三年获"广东省守合同重信用企业"、2018 年获批广东省工程技术研究中心、东莞市工程技术研究中心，2017—2019 年连续三年荣获黄江镇"纳税大户"称号，2019 年 10 月获得东莞市"协同倍增企业"称号。已成功研发生产出包括水质处理器、空气净化器、化妆品、个人护理、家居清洁等五大品种的百余款产品，获得多项国家专利。

2018 年集团在香港成立金科基因有限公司，2019 年成立金华医药健康控股有限公司，同年控股香港汉生堂制药有限公司，打造精准健康管理服务平台，加快了迈向健康产业领导者的新步伐。

金科伟业以"兴民族产业、扬国粹精华"为己任，以"打造百年金科，创立国际品牌"为目标，坚持"传承、创新、合作、共赢"的经营理念，不断凝聚忠诚团队，创新行业品牌，充实财富积累，夯实根基，追求卓越。金科人秉承"承载健康环保使命，把健康和财富带到万户千家"的企业使命和"丰财富德，利己惠人"的文化精神，坚持以德为本、诚信至上；以有德的文化，打造有财的企业，在追求利益的同时不忘道义，不忘社会责任，惠及他人。

3.2 企业文化

金科伟业是一个注重文化建设的企业。在企业创立之初，董事长冯柏乔先生就集中国传统文化、个人智慧及现代企业管理理念于一体，将金科伟业的文化高度凝练为"一个使命、两大精神、三项原则、四点要求"，开启了金科文化年、金科文化发展年、金科文化品牌年的发展历程。

一个使命：承载健康环保使命，把健康和财富带到万户千家

两大精神：丰财富德、利己惠人

三项原则：以中国国情、自身条件为依据；

以承担责任、解决问题为根本；

以百年心态、持之以恒为导向。

四点要求：忠诚处世，忠信处行；以义待物，以礼待人；

自强不息，自知不妄；当仁不让，当宠不骄。

金科企业文化，可以从五个层面去解读：一是精神层面。金科的精神文化是一个使命和两大精神，它确立了一个企业的目标、方向和社会责任，设定了共同追求的伟大梦想。同时也强调了金科人的道德观念、财富观念和价值观念。二是行为层面。行为文化是金科五大法宝中的三项原则和四点要求，这部分强调金科人如何处世做事，如何对待责任、荣誉和成就。三是物质层面。物质文化是对五大金牌的解读，与品牌文化相同。四是制度层面。制度文化包括规章制度和结算系统。五是教育层面。教育文化就是培训系统，包括金科商学院、教育培训系统等。

企业文化是一个企业的血脉和基因。十年企业靠经营，百年企业靠文化。企业文化越深厚，企业的发展步伐就越坚实。世界上很多伟大的企业都有超越利益共同体的格局，以伟大的使命和梦想为凝聚力，形成了坚不可摧的团队力量，尽管经历挫折，但依然坚守信念，在艰难中前行，最终

成就一番伟业。

3.3 企业使命

　　金科伟业的企业使命是：承载健康环保使命，把健康和财富带到万户千家。这句话由两部分组成，蕴含了中国儒家的哲学思维。中国的儒家思想中有两个思想。一个是仁爱主张。"立爱唯亲，立敬唯长，始于家邦，终于四海"，意思是说在家庭里要建立慈爱相待的关系，晚辈对待长辈要尊敬而有礼貌，这样就可以从家庭以至较大范围建立和谐的关系，最终使全社会变成融洽的整体。另一个核心是以天下为己任的时代担当精神。"先天下之忧而忧，后天下之乐而乐"，集中体现了儒家心系国家、主动背负历史使命、承担社会责任的担当精神。儒家这两个核心主张，体现了儒家一柔一刚的两面性，也体现了儒家刚柔并济的哲学思维。

　　承载健康环保使命，实际上是继承了儒家刚强的骨骼。随着现代工业、农业、医疗、科技的高速发展，人类已经摆脱了饥饿和天敌的威胁，然而人类面临的危机从来没有停止过，更有愈演愈烈之势。眼下全球面临的最大危机是日益严峻的环境问题，在此大环境下，金科伟业当仁不让撑起承载健康环保使命的大旗。金科伟业从成立之初，便将自身产品的研发、生产、销售、服务定位于关注每一个人及社会福祉的健康事业。多元化的健康产品结构，特别是针对空气和水污染两大社会难题所研发的空气净化器和高磁化自来水器，是金科伟业承载健康环保使命的具体表现。承载健康环保使命，是对中华民族、对时代的一种担当，是对中国传统文化、对儒家信仰的一种践行。只要是国家需要的，老百姓需要的，金科伟业都义不容辞地承担起相应责任。

　　把健康和财富带到万户千家，流淌的是儒家柔美的血液。纵观古今中外圣贤，无不关注最普通老百姓的生活，无不将造福百姓作为自己人生的追求。要把健康和财富带到万户千家，其核心实际上就是儒家推崇千年的"仁"。健康和财富是一个人能够幸福地生活在这个世界上的基础。没有健康就无法享受人生，没有财富就无法从容自在地安逸生活，所以健康和财富一直都是民生的重中之重。将大爱情怀化作向万户千家传递健康和财富，以及将此作为奋斗一生的事业，不仅继承了儒家先贤们的仁爱思想，也寄托了新一代儒商的人生追求。

一个人活着，不光是为了锦衣玉食，最重要的是发挥个人潜能，为社会承担一份责任，实现人生价值。

企业的使命感对于企业的发展具有导向、激励和凝聚作用。金科伟业提出的崇高使命以概括、精辟、富有哲理性的语言，明示了自身的发展目标和方向，这些语言经过长期的解读、教育、潜移默化，永远铭刻在每一个金科人的心中，成为金科人精神世界里不可割舍的一部分。即使在企业遇到困难和危机的时候，崇高的使命也一定可以促使金科人把困难当作动力，把挑战当作机会，更加坚定而执着地为既定的目标而努力奋斗。

金科伟业的两大精神是：丰财富德，利己惠人。在传统文化成人达己的理论中，金科伟业结合当下国际、国内企业发展环境，首创丰财富德，利己惠人的企业精神。付出和收获要取得平衡，相信"丰财富德，利己惠人"这种精神，将来会成为中国，成为世界企业的普世价值。金科人充当了传播健康和财富的使者，但同时不可否认，无数的金科人也是万户千家的组成部分。金科人只有首先做到丰财，才能起到榜样作用，才能更好地完成自己最终的使命。丰财富德中"富德"的意思是使自己富有德行。金科伟业是一家极具人文情怀的文化企业，所以以德为本是金科伟业自创立之初就确定的经营底线，任何经营活动都必须以德为基础，没有富德的丰财是违背金科伟业大爱文化的，是金科伟业必须摒弃的。正像一个家庭有自己的家风，对于金科伟业这个大家庭来说，富德就是它的家风内涵。金科伟业是一代儒企，对厚德载物的深刻内涵领悟得更加深刻，所以金科伟业的精神中崇尚富德。

利己惠人中的"利己"是一种利己行为，提倡这种行为的原因在于不利己行为的局限性。中国传统价值里提倡的是毫不利己、专门利人，这也是中华民族一直推崇的美德。但不得不承认，只有少数部分道德修养极高的人才能做到这点，其很难在普通人群中得到传播、普及和复制。利己行为是个人利益、集团利益、民族和国家利益的基础。利己是个人利益的基础，个人利益是集团利益的基础，集团利益是国家利益的基础，如果否定利己行为，就是否定了谋求个人利益的必要性，也就否定了谋求集体利益、民族利益和国家利益的合理性。利己行为是利他行为的基础，一个可以帮助更多弱小者的人，其自身一定是极其强大的。如果没有利己，那么一切惠人的行为都是具有局限性的；如果没有利己的积累，惠人的效果就无法达到预期。所以说利己行为是惠人的基础。利己惠人中的"惠人"是一种利他行为。

金科伟业与其他直销企业的最大不同之处就是它的企业文化，金科的企业文化是直销商做市场的准则，为一代又一代直销商指明方向，也是直销系统建设的基石。

3.4 公司组织架构

金科伟业（中国）有限公司（JK）由金科伟业（中国）集团有限公司（见图 3.1）于 2013 年在内地投资成立，2015 年 6 月获得商务部颁发的直销经营许可证，开启了直销新模式。

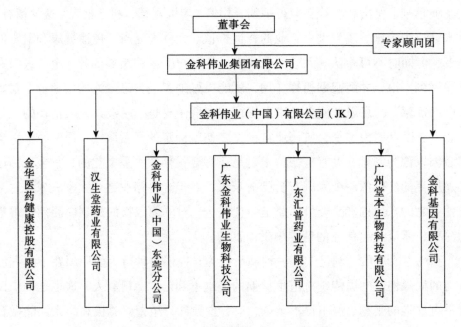

图 3.1 金科伟业集团有限公司组织结构图

目前金科伟业（中国）有限公司（JK）旗下有四家公司：广东汇普药业有限公司、广州堂本生物科技有限公司、金科伟业（中国）东莞分公司、广东金科伟业生物科技有限公司；主要有信息部、客服部、人事部、行政部、企划部、财务部、研发部、生产部、仓储物流部、品质部、采购部、售后服务部、市场部等部门，其组织结构图如图 3.2 所示。

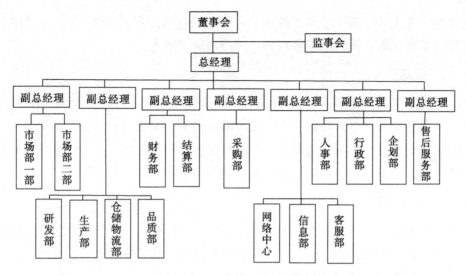

图 3.2　金科伟业（中国）有限公司组织结构图

3.5　市场运营情况及运营管理难点

3.5.1　市场运营情况

直销公司的产品销售主要由经销商、直销商来完成，直销公司主要负责产品研发生产、物流发货、服务、文化输出等。经销商、直销商不属于直销公司的员工，不存在管理与被管理的关系，与公司只是合作关系。直销公司通常由分支机构负责组织直销业务的开展。JK 公司自成立以来，坚持以文化为导向，以产品为根本，以服务为中心，跟广大经销商同心同德，荣辱与共，共同走过风风雨雨，培养了一大批成功的系统领导人，在他们的领袖示范作用下开创了一个又一个的新篇章。JK 公司下设广东、山东、辽宁、河北等若干分支机构，每个分支机构均有一位副总负责，并配备 2~3 位市场经理，他们分区域负责相应的直销系统，服务系统内的直销商、经销商，包括为系统内培训、会议提供支持，处理市场产品销售过程中发生的纠纷，执行公司对市场下达的各项政策等。

直销企业的市场运营实质上就是一个进人—育人—留人的过程。这个过程是通过成体系的不同层级的会议开展的。会议是市场运营的主要手段和工具，这个过程极其关键和重要，直接决定了一个系统是否能够培养出合格的人才，是否能留住人才。每个直销系统都有一套适合自己的运营模式。JK 公司在十几年的不断探索中也形成了独具特色的市场运营模式。

1. 家庭聚会

在家庭聚会中通过事业说明会让新加盟的经销商了解行业前景、了解公司，了解直销业务等，加深新人对公司的认同感和凝聚力；通过产品说明会、产品示范等加强新人对公司品牌、产品的识别度和认可度，通过自用→分享来销售产品，继而建立自己的销售团队，达到进人的目的。

2. 初级培训

对新加盟的经销商进行关于行业发展趋势、行业前景、公司理念、企业文化、产品知识等基础知识的培训，教给新人自用产品→分享产品，达到销售目的，实现从购买公司产品到与公司经营合作的目标。

3. 进阶培训

进阶培训即中坚力量培训。通过这个阶段的培训，教会加盟商如何组建自己的团队，提升自己管理团队的能力。

4. 高级培训

高级培训即提升培训，主要是针对领导者的观念、思想、格局、心态等方面的培训，打造德才兼备的系统领导人。

5. 大型招商表彰会

大型招商表彰会一般是以系统为单位，由系统领导人召集，参加人数大约为 500 人以上的会议。通过事业说明、产品说明、事业分享、产品分享、表彰等形式达到扩大销售团队的目的。

3.5.2 运营管理中的难点

JK 公司的直销系统在发展过程中面临的最大困境是当下外部环境的变化下，直销系统的可持续发展问题。互联网时代，电商、微商等销售模式对直销行业冲击很大，直销的大环境发生了很大变化。如果加盟商不能及时适应当前环境，不能快速转变观念，与时俱进，寻求突破，就会被社会淘汰。如果不能对加盟商进行有效的教育培养，提升加盟商的整体素质，尤其是系统领导人的领导能力，那么直销系统就会被社会所淘汰。

目前国内外关于直销的研究很少，关于直销系统的研究更少，导致直销系统发展方面缺乏专业系统理论知识指导。直销系统发展主要包括文化建设、系统人员结构建设、运营流程建设三个方面。系统文化建设主要围绕直销公司的企业文化、价值观、使命感等，在其基础上形成有自己系统特色的、可行的与当地实际相结合的系统文化。系统人员结构建设围绕系统的人才培养、组织人员框架等，形成系统自己的人员架构。运营流程建设围绕直销系统日常运营流程、系统化会议、培训等，通过这些实现系统进人、育人、留人。

笔者是 JK 公司创始人之一，亲身经历了公司初创、发展、成长的各个阶段，见证了公司的一点一滴进步，也感受到了公司发展过程中的许多经验和教训。在过去十几年的运营过程中，笔者见证了身边的几位领导人的成功与失败，几个大的团队的兴衰过程，尤其在公司的初创期，几位大领导人对公司高度忠诚，在开拓市场的过程中所向披靡，建功立业，为公司发展奠定了深厚的根基。但是随着团队的扩大，有些领导人却迷失了方向，导致团队土崩瓦解，令人心痛不已。打江山容易，守江山难。在实际运营过程中，同样的公司、同样的产品、同样的企业文化、同样的制度，在外部环境基本一致的情况下，有的系统健康发展，业绩、人员持续增长，有的系统却昙花一现、难续昨日辉煌，究竟是什么原因导致的，非常值得深入研究思考。

笔者通过大量调研，发现系统领导人在系统发展过程中起到决定性的作用，成功的系统领导人身上散发着无穷的人格魅力，他们身上有很多共性的特质：①善于激发伙伴梦想；②懂得感恩，爱护伙伴；③能控制好情绪，顾及伙伴感受；④鼓励伙伴，帮助伙伴解决问题，帮助其健康成长；⑤去权力化，用服务心态带动别人，而不是领导别人。同时他们也保持着良好的习惯，包括：目标明确、行动快速、及时检讨、持之以恒。在心态方面，他们也普遍具备老板的心态、学习的心态、付出的心态、积极的心态、坚持的心态。

有了好的思想、习惯和心态，才能有好的行为。成功的系统领导者不计较个人眼前得失，具有担当精神，全力支持公司的各项决策，一切为了公司的发展、壮大考虑，一切为着全体经销商的利益考虑，目光长远。把金科事业当成自己的事业，发现问题认真解决，不怨、不怪、不推、不愁、不等、不靠，致力于把问题解决在萌芽之中，帮助经销商处理好各类矛盾。善待身边人，把控情绪，让对方感到舒服；赞美和鼓励身边伙伴，包容、理解、用心对待。凡事从团队的利益出发，凡事从感恩之心、爱人之心出发，与团队成员在大爱文化下和睦相处。以上成功要素都是成功领导人,也是系统领导者应具备的要素,做到这些才能成功引进新人,留住人才,系统才能不断发展壮大。

本书选取直销企业 JK 公司所属的直销系统领导者特质及直销系统组织发展的相关数据作为研究分析对象,希望对 JK 公司的市场运营起到积极作用,同时也希望对我国其他直销公司起到一定的启示作用。

3.6 本章小结

金科伟业集团有限公司 2008 年成立于香港,是一家集研发、生产、销售、服务为一体,以健康产业为支柱的现代化高科技集团公司。2013 年 3 月投资内地成立金科伟业(中国)有限公司(JK),兴建生产基地。2015 年 6 月获得商务部颁发的直销经营许可证,开启直销新模式。公司产品以自主研制的水质处理器系列产品为主,辅以空气净化器系列、营养保健品系列、家居用品系列及个人护理用品系列等。公司奖励制度采用混合制设计,独具特色的奖金制度不仅能让新进入直销商尽快享受一分耕耘一分收获的喜悦,更让老直销商因为有源源不断的回报而留在系统里。JK 公司秉承"承载健康环保使命,把健康和财富带到万户千家"的企业使命和"丰财富德,利己惠人"的文化精神,坚持以德为本、诚信至上,为把健康和财富带到万户千家的目标而奋进。

本书选取直销企业 JK 公司所属的直销系统进行领导者特质及直销系统组织发展的相关数据作为分析对象。

第4章

影响直销系统组织发展的因素分析

4.1 直销系统及其组织发展特点

4.1.1 直销系统的产生与发展

随着直销业的发展,直销公司的数目越来越多,从事直销的人数也越来越多,队伍规模越来越大。不但直销公司之间存在竞争,即便是同一直销公司内部直销商组织之间的竞争也越来越突出地表现出来。各组织在教育传承、思想感情、运作方式、做事风格及发展战略上都表现出较为明显的差异性,一些有影响力的高阶领导人为方便对组织的教育和管理,就成立自己的直销系统,其既是直销商内部事务相互协作的平台,也是直销商和直销企业之间的缓冲及媒介。为了保证复制的正确性,直销系统都有自己独特的教育培训支持体系,也逐步形成了直销独特的系统文化。

第一个将直销系统发扬光大的是美国人耶格。当时耶格是安利公司的直销商,隶属于威可多(Victor)创立的6-4-2系统。他认识到直销商与直销公司之间并不是隶属关系,而是合作关系。安利公司有其生产商文化,直销商也应该有相应的文化与之对应。从事直销商的文化教育,告诉别人如何成功也是一条重要的财富产业线。基于以上思想,1973年耶格创立了著名的耶格系统,而且直接用领导人本人的名字命名系统,既很好地强化了下属团队的组织建设和文化建设,也很恰当地维护了系统与厂商安利的合作关系(华庭,2005)。

耶格系统组织发展的基本策略有四点。一是唤醒和激发人们沉睡的渴望,不断地树立和强化梦想。因为人们一旦有了积极的梦想,就会有从事某项事业来实现梦想的力量。二是必须注重组织发展的深度,即要帮助下级组织发展,一个独立的直销系统想要发展壮大，经得起大风大浪，仅有宽度是不够的，还要有相当的深度。三是出版专门的书籍和录制音视频资料作为工具，供系统组织成员学习，源源不断地获得正能量，让系统组织成员永远保持正确的观念和积极乐观的心态。四是除了定时、定点召开不同规模和形式的会议外，还把举办大型会议作为系统组织发展的重要手段。耶格在系统建设的实践中深深领悟到没有什么东西能比耳闻目睹充满热情的人群更能激发内心的梦想，也没有什么力量能比与同道中人分享梦想成真的喜悦更能把人的梦想常常扎根于心中，获得成功的人可以互相鼓励，他们相聚的时间越多，参加的人数越多，场效应越大，效果越好（梁子，2004）。

耶格系统的三个重要理念是：首先，强调自用产品，重复消费；其次，注重教育培训；最后，建立系统工具流。利用教育培训，树立趋同的价值观；建立完整咨询线管理系统；通过对工具流的使用，实现100%复制；建立相互信任，维系紧密的个人关系，营造积极向上，团结互助的系统氛围，都是系统建设的重要内容。

随着耶格系统的不断发展和壮大，又衍生出很多独立的直销系统，比如安利贝瑞德（Amelide）的系统、比尔·布莱特（Bill Bright）的642系统、吉米·道南（Jimmy Daonan）的网络21系统、罗伯特·艾伦（Robert Allen）的优莎纳MSI系统、雷利森·瑞克斯（Nathan Ricks）的如新OTG系统等。再后来，随着直销业向华人圈渗透，又陆续出现了很多著名的华人直销系统，比如傅后坚的安利成冠体系、陈婉芬的安利超凡体系、王宽明的如新642系统等（陈巧利，2006）。

多层次直销在营销理念上的创新就是将消费者与销售者融合为一体，即把产品的消费者转化成产品的销售者，甚至是经营者。无论是哪一种多层次直销奖励制度，直销商都可以推荐他人加入直销（即发展下线），他们依照推荐与被推荐关系相互联系在一起，组成上下线关系，形成直销系统。直销最基本的工作就是销售、推荐、服务。这里的销售指的是从高满意度的消费到真心实意地分享，最后达成销售，完成从消费者到销售者的转化。这个过程是一个直销组织成员的自制，直销系统组织发展最重要的秘诀就是成功复制，前提是相互之间的信任——一个人因为相信推荐人，相信推荐人所说的话、所讲的事而进入直销，成为某个直销系统的一个成员，同时也有机会成为下一层系统的创始人。

在直销系统中，如果一个人认同直销的基本理念，认同所服务的直销公司及所隶属的直销系统的经营发展理念、价值观、文化等，认真使用产品并获得良好的体验感，并把他的认同感、体验感分享给更多的人，吸引和影响更多的人使用直销产品，成为直销商，他便完成了第一阶段从消费者向销售者的转变，以他为创始人的直销系统就产生了新的消费者，从而完成系统成员从一到多的转变。如果他还能够在他的系统内发现并找到也想成为销售者的直销人员，并将自身从消费者到销售者转变过程中所累积的知识和经验分享给他们，教会他们如何完成向销售者的转变，即帮助他们完成第一阶段的角色转变，那么他的直销系统就会产生新的销售者，他自己也从一个销售者升格为经营者，完成第二阶段的角色转变。如果他还能帮助其系统内的直销人员完成第二阶段的角色转变，也成为经营者，那么他就完成了直销展业中由自制进而到复制的全过程，其直销系统的组织发展也形成了基础的结构。

基于直销公司奖励制度的这种上下线之间代代相传的机制是直销商系统组织发展的原动力，通过这种由正确的自制到成功的复制的过程，使正确的直销理念得以传承，公司或系统共同的价值观得以传承，公司产品的相关知识得以传播，行之有效的销售、推荐及服务相关的展业知识和技巧得以传授。任何一个直销系统都是伴随这个过程的不断重复而发展和壮大起来的。

徐静（2004）认为考察一个系统的导向是不是正确的、积极的、健康的，就一定要看这个系统的价值观是否符合伦理道德的要求，系统所宣扬的文化是否是直销事业的理论基础，究竟是教某人让其他人成为自己下线的方式，还是教某人建立优秀的团队，成就个人事业。如果一个系统宣扬的价值观是一夜暴富，或是几个月内能帮助某人实现百万富翁的梦想，那么它无疑是一个危险的系统。

目前国内运行的直销系统大致分为四种类型：第一种是公司型系统，即直销企业自己构筑的系统。这种系统的特点是以直销企业的文化为主，很少讲到直销商的文化，一旦离开了公司，这个团队也有可能随之垮掉。第二种是直销商型系统。当一个直销系统组织规模发展得比较大时，系统创办者就以自己的名字或具有自己系统文化特色的名字来命名自己的系统。这种系统一旦壮大起来，对直销商很有利，但直销公司会有后顾之忧，因为这种系统自成体系不受直销公司的控制和管理。第三种是外聘型直销系统，即直销公司聘请第三方专业咨询培训机构帮助建立和发展系统。这种借助"外脑"的方式虽然可以快速建立系统并迅速发展组织，但风险是外聘机构和公司之间的合作关系很可能因为目标不一致和利益分配不平衡造成合作的断断续续，影响组织发展的持续性和稳定性。第四种是共建型直销系统，即直销商和公司共同打造系统模式和文化。这种共建型直销系统的运作模式将直销公司的企业文化与直销商的团队文化有机地融合为一体,形成复合型直销系统。目前,在我国,大部分直销系统都属于这种复合型直销系统。

4.1.2 直销系统组织发展的特点

1. 直销商系统的自组织特征

黄英姿(2007)应用自组织理论对直销系统进行了分析,结果表明多层次直销系统具有开放性、非平衡性、非线性、涨落性等明显的自组织特征(见表 4.1)。

表 4.1 直销系统的自组织特征

自组织特征	具 体 表 现
开放性	直销系统是集多样性、松散性、复杂性于一体的组织系统,内部的直销商本身是构成系统内外物质、能量及信息流动的重要媒介。销售、推荐和服务是多层次直销的核心工作,在这个过程中,系统内的直销人员是主体,受体有系统内的直销商,更多的则是系统外部的消费者、潜在消费者及合作者,从而系统具有很高的开放性
非平衡性	直销系统的不平衡性一方面体现在直销人员的流失与新直销人员的进入并不是对等的,因而就直销系统的宏观数量来看,不可能是一成不变的。另一方面体现在系统的结构上,"人以群分,物以类聚",性别、受教育程度、职业及年龄方面都存在分布的不对称性和不均匀性。各系统在扩张速度及本身的内部结构方面都会存在差异,差异就是不平衡
非线性	直销系统之间的合作与竞争是直销系统的非线性表现。具有一定规模的直销系统都包括若干个互为旁线的子系统,这些子系统类似同门师兄弟,合作方式通常表现在一起举办培训会议,互邀对方为自己的系统做培训,或互相跟进对方邀约的新朋友,成为对方运用 ABC 法则中的 A 角色。彼此的竞争时常会出现在一些共同资源的利用上,这些竞争大多是良性的,但也不可避免地会出现"抢线"之类的恶性竞争
涨落性	直销系统的涨落主要反应在系统中的直销人员数量及系统的营业额两个变量的增加或减少上。影响系统中直销商数目变化的内部因素源于新进入直销商的"新人入行三把火"及系统内部不融合的人际关系;外部因素主要包括社会环境的影响,比如,1998 年中国政府出台直销禁令,近年来兴起的微商、社交电商等类直销模式,2018 年底的权健风波等。直销系统的营业额一方面会随着系统直销人员数量的增减而涨落,另一方面也受直销企业的市场推广计划及外部环境的影响。当然受开放性的影响,直销系统中直销商数目及营业额的涨落具有随机性,涨落的幅度和次数都无法预测及控制

资料来源:黄英姿. 多层次直销系统的自组织特征分析[J]. 系统科学学报, 2007(3): 93-97.

2. 直销系统具有自我发展和自我成长性

多层次直销系统的直销商都具有集消费者、销售者和经营者三种身份于一体的角色特征,他们都要完成从消费者到销售者的转变。他们首先要当好消费者,体验产品的价值,体验消费获利的好处,再将这种体验分享给他人,让他们也去体验同样的价值并分享给更多的人,以影响更多的人参与消费,完成从自制到复制的过程。道理虽如此简单,但真正操作起来会涉及很多个人综合素养及专业能力方面的问题,比如产品及业务知识、沟通能力及技巧、个人的人生观及价值观、正确的从业心态及展业方法等。这是一个学习、实践、再学习、再实践的过程,完善的培训计划是成功复制的重要保障。优秀的直销系统大都具有相对成熟及标准化的培训方案及计划。一个新的直销商在获得知识、经验的同时,也积累了顾客,发展了合作伙伴,然后再通过培训教会合作伙伴做同样的事情,便完成了一个从学习到教育的简单复制过程。这一切都是直销商求生存、求发展的本能,是自发的,不需要其他奖励和惩罚,更不需要强制命令,而是靠直销商的自我领悟及自觉行为。如此复制下去,便形成了一个具有自我成长及自我发展性的直销系统。

  自组织系统是有生命力的。我们知道在生命系统的延续中,机体之所以出现癌变,很多是由于在细胞复制尤其是遗传物质复制过程中出现偏差所引起的,如果控制不及时还会导致机体的崩溃,甚至是生命系统的终结。随着直销系统组织的不断发展,系统结构的复杂性增加,系统矛盾也会随之出现,复制也最容易出现问题。直销培训的目的就是要将直销正确的价值观、理念和心态等植入每位直销商的灵魂深处,并通过榜样的力量及成功故事激励直销人员,以抵抗来自内外部的各种消极影响,从而将每一位直销商的思想统一到直销企业及直销系统的目标宗旨上来,增强合作意识,培养团队精神,使系统的稳定性不断提高,抗干扰能力不断增强,减少复制过程中的变异,以形成一个健康、可持续发展的多层次直销系统。这不仅为系统的创建者带来经济回报上的保障及更多成就感的满足,也为相关直销企业带来持续、稳定的市场和销售额。

  3. 直销系统具有整体涌现性

  多层次直销的基础核心工作有两项:一是寻找客户,建立稳定的顾客群体;二是介绍合作伙伴建立并发展自己的多层次直销系统。这两项工作能否顺利开展,一方面取决于直销企业所提供的产品及市场拓展计划,另一方面取决于直销商的能力及素质。可以说直销行业有很大的包容性。大多数直销企业对直销人员除了要求是成年人外几乎没有什么限制,因此多层次直销系统的人员结构相对比较复杂,从打工一族到拥有万贯资产的老板,从20岁左右的风华少年到鬓发斑白的老人,大家聚集一起,重新定位在同一起跑线上,借助直销舞台演绎更丰富多彩的人生,实现更大的目标。

直销人员在展业过程中经常借力使力少费力,借力实质上就是多层次直销系统整体涌现性的一个具体体现。直销系统的整体涌现性还体现在系统内部直销商的优势互补上,比如有的直销人员善于激发别人的梦想,推荐是其优势,而有些直销人员则是产品专家,属于销售高手,二者优势互补,互相借力,结果是使每个人的长处都发挥出来,缺陷被掩盖起来,形成一个既有生产力又有扩张力的组织体系,展示出"1+1>2"的系统功效。

直销系统的整体涌现性更多地通过直销会议的"场"效应表现出来。这里的"场"是指许多人聚集或活动的地方,更是指物质存在的一种基本形式,具有能量、动量和质量,能传递实物间的相互作用。一般来说,消费者都存有或多或少的从众心理,会场可以让一个准顾客有机会接触到很多现实顾客,并向他们了解使用产品的心得及效果,从而消除疑惑,产生或加强对产品的需求愿望,从准顾客转变为顾客。会场也可以让现实顾客获取更多的产品资讯,学习更多的产品及相关知识,更多地了解直销,了解直销人,了解直销文化及理念,使他们坚定继续使用产品的信念,成为长期忠诚的顾客,并且不由自主地走向"客带客",逐步从顾客转变为直销商。

会场也是推荐新的直销商及留住现有直销商的重要工具。同样的一句话、一件事,台上讲及台下讲,多人讲及少数人讲,甚至是不同的人讲,对听众心理所产生的冲击和刺激是不同的,所引起的体内生理生化反应也是不同的,因而产生的结果也是不同的。有些人就是因为参加了某次会议,被某位直销商分享的故事或感悟所打动而加入了直销。也有些人虽然加入了直销,但并没有真正地去行动,还有些直销商,在行动过程中遭遇挫折和打击,因而丧失信心,甚至想放弃当逃兵,是一场又一场的会议、一个又一个成功直销商的成功故事及人生感悟分享,让他们的心灵不断受到震撼,奋斗的激情及渴望成功的欲望不断被点燃,才坚持下来,最终成为卓越的直销领导人。因此,举办各种会议一直是直销商的重要展业方式。会议形式应有尽有:从家庭聚会,到中心会议,再到大型超大型的业务交流会;从业务说明会、产品展示会,到各种专业训练会。会议的规模越大,层次越高,会议的组织者参与者相互配合得越好,所产生的规模场效应就越强,整体涌现性发挥的作用也就越大。

4. 直销系统的核心领袖及其作用

吴宜真等人(2014)认为从社会自组织的视角提出直销系统的动态构建过程是一个自组织过程,这种自组织拥有强大的生命力与魅力。直销系统是一个典型的开放且不均衡的自组织,直销系统中存在各种精英领袖,他们的地位不是被任命的,也不是通过消灭和打压其他系统获得的,而是在相互合作、相互协调中取得的。

建立一个高效、可持续发展的直销系统是每个直销人员的梦想。对每一个新进入直销的人来说,他既是一个老直销系统的成员,也是一个新直销系统的发起者。如果他没有产生裂变,他的直销系统永远只有他一人;如果他能够依照直销公司的奖励机制产生无穷无尽的裂变,其下级组织成员数就会越来越多,他的直销系统就会不断地成长和发展。直销系统作为直销商组织化建设的高端产物,标志着直销商自身文化的觉醒,最重要的是有一个核心领袖也称为系统领袖产生。

直销系统领袖是直销系统的创立者,每一个成功的直销系统,都离不开一个卓越的系统领袖。卓越的领导人可以创造系统,而系统的生存、完善和发展也离不开领导人,二者相辅相成,共生共灭。直销系统领袖不一定要有很高的学历、很深的资历,但一定有强大的人格魅力或影响力,像一块高强度的磁铁,能吸引各路人才,并将他们牢牢凝聚在自己的周围。因此,卓越的系统领袖在直销系统组织发展过程中有着不可替代的作用,主要体现在以下几个方面:

第一,直销系统的核心领袖首先是系统的总舵手及总设计师。一个直销系统从产生到发展壮大,如同在大海里航行,启航的时候,确定好方向尤为重要。系统领导人从一开始就要为团队把握好方向,因为一旦偏了就难以回头。只有定准了方向,才能很快到达成功的彼岸。对直销来讲,不仅强调复制,还要强调复制正确及正确地复制,如正确的直销理念、正确的操作程序等。一个直销系统的核心领袖要善于观察和思考,不要急于创新,要做到正确的百分之百复制。还要有纠偏的能力,一个智慧的核心领袖一定能带领团队不走弯路或少走弯路。

第二,直销系统的核心领袖不仅要当好指挥员,还要当好教练员。做好战场上的指挥员,要能审时度势,运筹帷幄,知人善用,有整体的战略布局及分市场分阶段战术规划;做好乐团的指挥员,要能乐于倾听,善于分辨,精于调度;做好教练员,能最大限度地激发组织成员内在的动力及潜能,引领他们从思维到行为的转变。

第三,做直销就是做人的事业,系统发展到一定规模,人越来越多。只要有人的地方就会有矛盾,有纠纷。因此,直销系统核心领袖还要善于化解矛盾,解决纠纷，求大同存小异，降低系统内耗。

4.2 直销系统组织发展中存在的问题

4.2.1 直销双轨制管理对系统组织发展有一定的制约

自 2005 年《直销管理条例》颁布以来，明文禁止多层次直销，将团队计酬列为非法行为。但多层次直销作为直销的核心竞争力，甚至是直销的生命力之源，是不可能从直销里分离出来的。因此，几乎所有的直销公司为了规避政策风险都采用了自然人单层次、法人多层次的计酬模式。也就是说直销商要想获得团队计酬，必须转变身份，从自然人转变为企业法人或个体工商户。而在中国境内申请为企业法人或个体工商户都有一些必需的硬条件，比如经营场所、注册资金等。这些硬条件并不难达到，但作为工商户或法人企业，对例行的工商税务等相关事务的处理不仅要付出额外的资金，更多的是要付出额外的时间和精力，这给直销从业者增加了额外的负担。

另外，直销双轨制管理给直销商展业也造成了非常大的困扰。直销商在推荐新的合作伙伴时，一个非常重要且必不可少的环节就是向准合作伙伴讲解直销业务计划，包括所服务的直销公司的背景介绍，直销产品介绍及示范，最核心的还有关于奖金分配制度的介绍，这不可避免地会涉及多层次或团队计酬问题。如果不讲多层次或团队计酬，就是要让对方来当推销员，没有多少人会感兴趣；如果讲多层次或团队计酬，势必会涉嫌传销进而涉及违法，使直销商陷入不讲不行、讲也不行的两难境地，给直销系统的组织发展造成了困扰。

4.2.2 直销运作存在不规范性

直销之所以一直都得不到主流社会的认可，也有其自身的原因。直销是一个非常特殊的行业，直销商虽然连直销公司的员工都不是，但在公众眼里却是直销的形象代言人，所以任何一个直销商的不良行为或过错都要算到直销公司甚至直销的账上。直销进入门槛低，谁都可以来做直销。直销商独立的身份又不受制于直销公司或直销系统，其行为完全无法约束，只能通过教化和感召来影响。有些直销商甚至直销系统领导人对直销的内涵理解不深刻，将做直销视为一夜暴富的投机行为，做事急功近利，以利益为导向，出现很多为达成销售而对产品进行夸大宣传，为冲业绩要求组织成员囤货，为快速发展组织而进行虚假承诺、拉人抢钱等违规行为。这些违规行为虽然为直销系统或直销商个人带来一时的业绩或发展，但却成为直销系统组织发展的万乱之源，成为最终导致系统崩溃的祸根。

个别直销企业无视直销的本质及基本理念，将产品当成道具，将直销作为牟取暴利的捷径或救命的稻草，弄虚作假，蛊惑人心，绑架直销从业者，也绑架消费者，最终害人害己。在 2019 年之前的一段时间内，直销公司比业绩、争排名之风愈演愈烈，导致一些直销公司渐渐失去理性，忘了初心，产品粗制滥造，价格虚高，靠高利而不是靠产品质量吸引人。直销企业不可能赔本发奖金，只能频繁更换奖励制度，参与者来一批赔一批，为利而聚者无利必散，最后企业形象一损再损，进一步损害了直销在公众心目中的形象，也加大了直销系统组织发展的难度。

4.2.3 直销文化与本土文化的冲突

直销文化是指直销在运作过程中所创造的价值观、习俗、行为准则、消费观念等。直销文化是一种独特的文化现象，一般包括公司文化与系统文化两个部分。由于直销是个特殊的行业，人们认识直销往往是先接触直销人员，再到直销产品，再到直销公司，最后才是整个直销行业。通常人们很容易将个别直销人员的所作所为视为直销公司的表现，将个别直销公司甚至假冒的直销公司的所作所为视为整个直销业的表现，再加上"金字塔销售"骗术（附录名词解释）的鱼目混珠，使得直销业的社会公众形象受到很大程度的影响，严重影响了直销业的健康发展。

直销文化呈现在公众面前的一般是系统文化中的行为文化，也就是直销商在长期从事直销活动过程中所创造的价值观、习俗、行为准则及消费观念等。直销属于西方舶来品，直销系统行为的西方文化色彩浓厚，而西方文化的外显性与中国本土文化的内敛性格格不入，使中国公众不接受直销系统的行为文化。端正心态、转变观念的培训被曲解为"洗脑"，设立目标、制定人生规划的激励被调侃为"造梦"，介绍、推荐被说成"拉人"。当然这里面既有公众的认知问题，也有直销本身的问题。直销在运作上早已经开始本土化了，从无店铺到有店铺的落地，中国本土化的直销运作模式为中国直销业近些年的快速发展起到了非常大的作用。直销文化也需要本土化，尤其是直销系统的行为文化更需要以中国传统文化为底蕴进行重建，形成具有中国特色的直销系统行为文化，即西方文化的外显性与中国本土文化的内敛性融合，才能让更多的公众接受直销，喜欢直销，为直销系统的组织发展创造出融合、轻松的外部环境。

4.3 影响直销系统组织发展的外部因素分析

4.3.1 政府政策及法律法规因素

直销在中国境内属于特殊行业，政府政策及法律、法规对直销业的发展起着决定性的作用，更是影响直销系统成长的不可抗力因素。

直销于20世纪90年代初期进入中国境内，当时中国正处于改革开放初期，整个社会都处在由国家完全控制的计划经济体制向自由开放的市场经济体制的转型过程中，直销这种无须投资，又不用辞去已有工作还能开创一份属于自己事业的兼职机会倍受欢迎，所以直销一进入中国境内就几乎掀起了全民直销的浪潮，直销系统的发展也呈现出野蛮式的增长，再加上"老鼠会"（附录名词解释）、"金字塔销售"等非法传销的鱼目混珠，引起很多社会问题，造成各种社会乱象。面对这种局面，为了遏制直销乱象，国家相关部门除了陆续出台一些法规条例外，还经常进行为期不定的市场整顿，整顿期间常常要求直销企业停止发展新的直销人员进入。可以说当时这种市场整顿对直销系统发展的影响非常大。很多潜在推荐对象被直销商跟进了很久、做了很多工作，终于有意愿加入直销，可是由于市场整顿办不了加入手续，可能因此与直销擦肩而过，甚至让想推荐他们的直销商也因为遭受打击而放弃直销，引起一些直销系统人员的缩减。从宏观上看，市场整顿为直销市场趋利避害，一些成熟的直销系统所受影响并不大，系统规模稳步扩大，市场业绩也在逐渐稳步提升。

尽管政府不断出台各种法规条文以规范直销，频繁地进行市场整顿，但非法传销活动生命力极其顽强，使中国境内直销市场处于极度混乱状态，给社会秩序带来非常大的安全隐患。因此，国务院于1998年4月18日颁布《关于禁止传销经营活动的通知》（国发〔1998〕10号），决定全面禁止一切形式的传销包括直销经营活动，之前发布的《传销管理办法》随之失效。民间称此禁令为"一刀切"，所有企业包括已经被批准的41家直销企业都要停止一切业务活动，从此传销、直销都成为禁语。可以说"一刀切"禁令对直销系统组织发展的打击是毁灭性的，很多直销系统一夜之间土崩瓦解，全军覆灭。

禁令的出台改变了整个直销业的格局，一时间数千家直销或传销企业都不合法了。但由于有一些是外资企业，他们在全世界都只用直销方式开展业务，因此，1998年6月18日，国家相关部门制定了《关于外商投资传销企业转变销售方式有关问题的通知》，通知规定外资直销企业必须转型为"专卖店+推销员"的形式在中国经营，并有安利、雅芳等十家外资企业获得转型。这些获得转型的直销公司有的直接让直销商开店，将直销商转为店主，如雅芳公司；有的则由公司开设专卖店，直销商转为推销员或销售代表，如安利公司；有些公司甚至放弃了用直销模式经营。

安利公司将之前处于写字楼里的发货中心迁移到比较繁华地段的临街转为专卖店，将消费型直销商转为优惠顾客，销售型直销商转为销售或营业代表，经营型直销商转型为经销商，公司要求经销商必须具有个体工商户或公司法人资格。安利的专卖店只对安利的优惠顾客、营业代表及经销商开放购物，其他人要想使用安利产品，只能先转变身份，有效地保护了营业代表或经销商的利益。安利的这种变通措施既迎合了当时的政策，又保证了公司原有的业务模式不发生根本性的改变，使得安利的直销系统虽然在规模上缩水不少，但整个过渡是平稳的，留下的都是直销信念坚定的精英，成为安利后续市场蓬勃发展的坚实后盾。

"一刀切"禁令出台后，很多公司都彻底放弃了直销业务，相应的直销系统也就随之解散消失。也有些公司转入地下操作，相应的直销系统偷偷摸摸地发展，由此产生了直销市场的"灰色地带"。那些转型为"店铺+推销员"模式的直销公司大都坚持直销的核心理念，延续着以往的业务模式，这些公司的一些坚定的直销人员重整旗鼓，一边收拾残局，一边去开拓新的直销市场，发展新的系统组织成员。"店铺+推销员"的模式在直销企业的灵活变通下，逐渐演变成更适合中国国情、具有中国特色的直销新模式，一些直销公司的业绩开始回升，甚至到后来的突飞猛进。

为了兑现2001年中国加入世界贸易组织（WTO）的承诺，国务院于2005年8月23日颁布《直销管理条例》，并于当年12月1日起开始施行，该条例首次明确了直销在中国的合法地位。但由于《直销管理条例》仍然将多层次直销界定为非法，尤其是同时出台的《禁止传销条例》将多层次直销列为非法，还是给直销系统的成长和发展带来很多困扰。很多采用多层次直销模式的直销公司只能通过实施自然人单层、法人多层次的双轨制模式来规避政策风险。这种双轨制的模式虽然给直销系统的发展带来一些不便，但也为直销系统的企业化运作创造了条件，很多直销系统因此得到很好的发展。

自 2006 年以来，中国境内的直销业发展一直都非常顺利，直到 2018 年底"权健事件"爆发（附录名词解释），不仅引起中国直销业大整顿，甚至引起对中国保健品行业的大整顿，以至于 2019 年中国直销业既要无条件接受政府的严格管制，还要直面社会舆论的口诛笔伐，不要说推荐新的直销商，已有的直销商也遭遇大量流失，直销系统发展遭到重创。

4.3.2 舆论舆情因素

在互联网普及和自媒体出现之前，中国社会公众对媒体尤其是一些主流媒体是盲目相信的。"老鼠会"或"金字塔骗术"在中国境内一直同直销如影相随，有直销的地方就会有"老鼠会"或"金字塔骗术"。在直销刚进入中国境内初期，由于很多人分不清什么是直销，什么是"老鼠会"或"金字塔骗术"，又有一些人渴望一夜暴富，只想要成功的结果，却不想要努力的过程，所以"老鼠会"或"金字塔骗术"对很多人来说更有吸引力，一些人不愿从事正规的直销，享受一分耕耘一分收获的努力成果，却愿意加入"老鼠会"或"金字塔骗术"而上当受骗、倾家荡产。很少有媒体去宣传或辨析正确的直销理念，教会公众识别正当直销和非法传销，而一旦出现非法传销引起社会问题的事件，一些主流媒体便大肆渲染和报道，并不强调这些是"老鼠会"或"金字塔骗术"的非法所为，导致公众误将这些产生社会问题的非法传销行为全归责于直销，严重影响了直销的社会公众形象。

随着互联网的普及，尤其是移动互联网的普及，每个人都成为一个自媒体，但令人遗憾的是，直销对社会的贡献还是鲜有报道，在公共舆论谴责非法传销的同时直销行业还是被污名化。目前，人们依然无法把合法直销和非法传销区分开来，常把直销与欺诈、假冒伪劣联系起来，污名化的直销业在发展过程面临着更多的困难和挑战，更使得直销系统的组织发展举步维艰。

4.3.3 新型营销模式因素

电子商务的出现，一步步把零售业引向信息流、资金流和物流的重组，人正在从线下向线上迁移，在线上形成新的连接和新的社区。直销底层的商业逻辑建立在人际关系之上，本质上是一种依托社交关系资源为基础的商业形式，是最早的社交商业。

随着互联网的发展，特别是社交技术的进步，社交关系在今天成为一种极为便利就可以得到的资源。在这样的背景下，直销的社交价值、渠道价值和就业价值都应该充分地发挥出来。面对这种改变，直销公司的反应不够敏捷，而各种借助社交关系的商业模式却发展迅速，如电商、移动电商、微商、社交电商、新零售等。很多以互联网为载体的所谓新营销或新零售之所以能够快速成长和发展，大都得益于它们内置的团队计酬模式。比如微商采用的是三级分销制，每一个参与者都要去发展下一级的分销商，组建自己的分销商团队。这些建构在直销底层逻辑之上的所谓新营销或新零售也通常被业界或一些学者称为"类直销"模式。

一些类直销企业为了快速启动业务，不惜用高额奖金从直销那里挖人才，因此很多微商或社交电商参与者大多是从直销那里分流过来的，有的甚至整个直销系统都迁移过来做微商或社交电商，这种直销组织内部的分化与瓦解对直销系统的组织发展的冲击是非常巨大的，甚至是毁灭性的。加上这些"类直销"主要以微信等新型媒介为载体，比较受年轻人的喜爱，也对直销系统吸收年轻人增加了难度。

4.3.4 新冠疫情因素

2020年初，直销业还没来得及从"权健事件"风波的冲击中缓过劲来，新冠病毒突然来袭。为了有效阻断病毒的传播，很多社会经济活动突然之间按下了暂停键，一时间工厂停工，学校停课，市场停市，新冠疫情的防疫工作成为全国的头等工作。虽然在我国政府的领导下，全国人民齐心协力抗病毒，使新冠疫情得到有效的控制，各行各业迅速复工复产，人们生活逐渐恢复了正常，但由于国外疫情的持续暴发，也使我国难以独善其身，小范围、小规模的疫情此起彼伏，防疫控疫成了常态化的工作。

新冠疫情对直销系统组织发展的影响，一方面表现在市场需求及市场购买力上。直销产品大都与健康有关，新冠疫情此起彼伏地持续发展，激发了市场对健康产品的需要，但由于疫情的传播，有些人下岗失业，没有了收入来源，使得市场对健康产品的需要难以转化为市场需求，从而抑制了市场需求。当然新冠疫情导致一些人失业，他们也需要新的就业机会，这为直销系统组织发展创造了更多的机会。

另一方面，新冠疫情对直销系统组织发展最大的冲击是直销商的展业方式。直销也是一个生意，任何生意都离不开人、货、场三者的相互配合，生意的实质就是在合适的场合，一些合适的人将合适的货卖给另一些合适的人，货与人之间由场连接在一起。直销商为了把商品推荐给有需要的人，通常需要借一个场来助力。直销商构建的第一个场就是会场。进入会场的每一位直销商的穿着打扮、言谈举止、精神风貌等，都会影响到其他直销商。直销会场有招募新直销商的会场，比如家庭聚会、创业说明会、各种讲座会议等；有留住老直销商的会场，比如直销经营者的中心会议、各种相关专业知识及技能的学习及训练等；还有培育直销商成长的会场，比如新直销商的基本技能课程及新直销商导引等。直销商构建的第二个场是工作室或者店的场。直销商通常把工作室或店打造得各具特色，工作室或店内的装修风格、陈列布局等不仅彰显了直销公司的企业文化，也体现了工作室或店主人的个性、品位、修养等，更关系到直销场效应的大小。当然有些工作室或店也被赋予不同的功能，比如读书会、护肤馆、排毒馆、养发馆、养生馆、水疗馆、社区生活馆等。直销会场是直销系统吸引人才、留住人才、培育人才、使用人才及复制人才的重要媒介和场所，它是人才的炼火炉，更是人才的加油站，它可以最大限度地发挥直销系统的整体涌现性，实现一对多的集体激励，以达到借力使力少费力、高效集合顾客、凝聚团队、激励伙伴、复制榜样、快速产生业绩的效果。但是，2020年初的新冠疫情使还没有走出"权健事件"阴影的直销业雪上加霜，一下子打乱了直销商原有的经营规则，会议不能举办了，工作室不能开门了，更重要的是顾客都不敢出门了，直接阻断了直销商展业的基本途径，使很多直销经营者陷入了迷茫和慌乱之中，直销系统的组织发展严重受挫。

　　直销一直以来都坚守着人对人甚至面对面的模式来进行销售。在互联网尤其是移动互联网已经普及的时代，直销商的展业方式应该与时俱进了，但思维的惯性加上会场效应的不可替代性，举办线下会议仍是很多直销系统组织发展的主要途径。新冠疫情倒逼直销行业升级，直销的作业方式、作业平台、作业理念、作业流程、作业工具等，都实现了更新迭代，进入到一个与时代同步，拥抱互联网生态的全新境界。有些直销公司加快数字化平台的打造，开启了基于一个兴趣、一部手机、一群朋友、一份事业的数字化时代的创业模式；有些直销系统积极拓展更多线上赋能工具，通过微信群、钉钉、ZOOM、腾讯会议等将直销作业及会场搬到了线上，组织发展有条不紊，团队业绩不降反增。虽然线上会议的虚拟场无法与实体场有同样的场效应，但线上会议举办的低成本及便利性也可以弥补不足。目前，线上与线下结合的展业方式已成为直销系统的组织发展的基本模式。

4.3.5 直销公司因素

直销公司对直销系统组织发展的影响因素包括直销公司产品、直销公司制度和直销公司文化。

1）直销公司产品因素

直销公司产品的种类、产品的定位直接影响直销系统组织成员的构成。比如雅芳公司、玫琳凯公司的直销商系统成员全部是女性；有些公司的产品种类多，定位中高端，能吸引社会中上层人员的加盟；有些公司产品定位比较亲民，吸引了很多普通大众的参与。

2）直销公司制度因素

直销公司奖金制度（见表 4.2）即直销公司奖金分配方式不仅决定直销系统的宽度和深度，同时也决定系统中直销商的相互关系，进而衍生出不同结

表 4.2 直销奖金制度基本类型

制度类型	内涵	优缺点
级差制	是指设置有多个级别，根据业绩一级级向上升，收入呈级差扩大的奖金制度 级差制产生的直销系统具有一级子系统数量不限，并且每个一级子系统的层数尽量多的结构特点	优点：注重销售与团队管理；完全体现多劳多得、同工同酬的分配原则，中高层收入丰厚；网络宽度无限 缺点：运作成本高，管理难度大；业绩压力较大，新进入者付出多，回报少
矩阵制	是指限制前排数量，按照固定深度领取奖金，宽深一定形成矩阵的奖金制度 在矩阵制模式下，每一个新加入的直销商可能既有一个上线直销商，又有一个直接推荐直销商，由此形成的直销网路表面看起来很有规律、很整齐，但相互之间的关系却复杂得多，有两层关系相维系	优点：上线帮助下线不只体现在能力上，更体现在业绩上，更有利于团体协作；业绩压力较小；制度简单易懂 缺点：会助长下级直销商的惰性；发展规模受到限制
双轨制	是矩阵制的一种特殊形式，是指只允许发展两个横排小组，根据相对少的小组业绩情况来获得奖金的制度 在双轨制模式下，每一个新加入的直销商同样有两个上线，一个是直接推荐人，另一个是服务人。它所衍生的直销系统表面上看只有两个子系统，但系统内的关系也很复杂，系统层次不够清明	优点：上级对下级的帮助不只体现在能力上，更体现在业绩上，更有利于团队协作；业绩压力较小；制度简单易懂 缺点：易养懒人，不能充分调动各自潜能；也会有偏腿现象，不能获得相应的报酬

续表

制度类型	内　　涵	优　缺　点
混合制	混合制的奖金制度将级差制与矩阵制或双轨制结合起来，兼顾网络宽度和深度而发展它所衍生的直销系统结构比较类似于矩阵制，不同的是因为奖励不限制代数，鼓励直销商深耕细作，只要出现有潜力的直销商，无论隔多少代，上级直销商一定会乐于扶持和帮助	优点：组织稳定、业绩与收入逐渐上涨，中高层收入丰厚；结合了多种制度的优点，兼顾网络的宽度与深度 缺点：制度比较复杂，既注重中后期的奖励，也照顾到前期收入

资料来源：刘宏志. 多层次直销薪酬制度研究[D]. 秦皇岛：燕山大学，2012.

构的直销系统。即使在相同的直销制度之下，由于运作理念、发展策略、团队文化、价值观及培训等方面的差异，也会产生对社会、经济环境具有不同作用和影响的直销系统（黄英姿，2007）。

直销制度是直销生命力之源，更是一个直销公司的核心竞争力，不同的直销制度产生不同的直销系统。有些直销公司频繁更改其直销制度，这对直销系统组织发展的影响是巨大的，甚至是毁灭性的。

3）直销公司文化因素

直销公司文化是直销公司在一定社会环境的发展演变过程中逐步生成和培育起来的，包括由直销公司全体成员共同认可和遵守的日趋稳定而独特的直销公司价值观、公司精神，以及以此为核心而生成的公司经营哲学、管理方式、生成目标、行为规范、道德准则、生活信念、习惯和传统等（见表4.3）。

表4.3　直销公司文化的基本构成

组成要素	基　本　内　涵
精神文化	使命、精神和理想追求、价值观、道德观、财富观
物质文化	指直销公司向外提供的物质产品、技术服务及公司内部的厂房设施、环境布置等
制度文化	指直销公司的奖金制度、规章制度、结算系统
教育文化	指直销公司及其下属直销系统的教育培训
行为文化	指直销公司及其下属直销系统的风俗、习惯、传统、仪式、服务、处世做事准则、行为规范

直销公司文化对直销系统的影响主要表现在对直销系统成员思想的引导，对直销系统成员积极性的激励，对提高直销系统成员素质的教化，对直销系统成员行为的约束，对直销系统成员在公司分工中的协调，对直销系统在运作过程中出现的错误进行矫正，对直销系统成员在与直销系统交流中思想共识的凝聚等方面。实践证明，直销公司文化对直销系统经营的成败影响极大，优秀的

直销系统之所以优秀，是因为它们能将直销公司的文化领会贯通并融入系统的组织文化中。

4.4 影响直销系统组织发展的内部因素分析

自组织性、自我成长与发展性及整体涌现性是所有直销系统组织发展的共有特征，但即使在同样的外部环境及相同的直销制度下，也会存在不同的直销系统，其组织发展也会有较大的差异。

由马来西亚华人付厚坚创立的安利成冠系统，其理念为尊重，诚实，正直，诚信，独立不孤立，竞赛精神，非常贴近安利公司的理念。该系统的优势是直销商个人基本功扎实，单个直销商的生存功非常强；以家庭聚会为根基向外扩展，顾客群稳定度高；系统的自我复制及自我成长性非常好。但系统统一性差，各自为政，成员之间的合作不紧密，会场运作效率不高，人才、人力资源的利用不充分等成为制约系统组织发展的劣势。而同属安利的超凡系统由台湾人嵇龙生、陈婉芬夫妇创立，该系统严格遵循大家庭的概念，突出亲情文化，系统的整体涌现性表现非常突出，有积极的也有消极的。超凡的会议运作能力非常强，强调放大梦想和锁定目标，非常善于造势，造神，其讲师团通常汇聚全系统各类各级人才，每一场会议都会掀起一股直销冲击波，停下生意、辞职做直销，快速买单、买大单，囤货，系统的组织发展非常迅速，但随之而来的是后续服务跟不上，新进直销商不会销售，也不懂推荐，从事直销但没有收入，给安利乃至整个直销带来很多负面影响。

而安利成冠系统与超凡系统在系统运作与组织发展上表现出的差异主要源于系统创办人个人特质方面的差异。

总之，对同一个直销公司下不同直销系统的组织发展而言，它们的差别虽表现在系统的运作理念及团队文化等方面，但归根结底还是因为直销系统的核心领袖，也就是直销系统创办人及其特质的差异所导致。因此，直销系统领导者特质是影响直销系统组织发展的主要内部因素。

4.4.1 直销系统领导者特质因素分析

直销与很多行业不同，进入的门槛非常低，任何一个成年人只要可以对自己的行为负责，都可以成为一名直销商，但要成为一个成功的直销商，成为一个直销系统领导人并不是一件容易的事情。直销是进入容易成功难，要成长为一名直销系统领导者,必定具备一定的特质。

1. 直销系统领导者界定

所谓直销系统领导者,是指直销系统创办者并为系统全面发展提供教育、辅导、服务及管理的人。他们的地位不是被任命的,而是在相互合作、相互协调中取得的。他们在整个系统内部具有决定性作用,影响着整个系统内各个成员之间的集体协同行为,决定着整个系统的有序程度,被称为直销系统的"序参量"(吴宜真等,2014)。他们所管理和领导的对象是直销系统内的全体成员,其在直销系统中的任务主要包括管理及领导直销系统成员、保证直销系统信息通畅、参与直销系统决策、为直销系统成员树立榜样及为直销系统成员提供培训。

1)管理及领导直销系统成员

管理及领导直销系统成员是指直销系统领导者要为直销系统成员确立清晰的发展目标及愿景,并对直销系统成员的工作情况进行督促,及时发现直销系统及其成员在发展中遇到的问题,并及时予以解决。同时,还要构建良好的团队氛围,与直销系统成员进行必要的沟通,与直销系统成员保持良好的关系,并充分接受来自直销系统成员的意见及反馈,服务直销系统成员成长并提高直销系统整体绩效水平。

2)保证直销系统信息畅通

直销系统领导者不仅需要从上向下传递母系统及所属企业布置的任务和要求,充当直销系统咨询线内的重要枢纽,同时要关注母系统及其所在企业战略的相关信息,为母系统及其所在企业的领导者提供其决策所需要的信息。

3)直销系统决策的核心

由于直销系统领导者对自身系统状况可以实时把握,因此在直销系统发展中做出决策的核心就是直销系统领导者。这就要求直销系统领导者需要承担更多和更重要的战略职能,需要更多地参与组织的决策及实施。

4)成为直销系统复制的模板

直销系统领导者自己首先是一个成功者,因此其是系统成员学习、效仿的模板,如果能将其成功的经验很好地传承下来,系统组织发展一定能够实现人数及业绩的倍增。

5)为直销系统成员提供培训

直销系统的组织成员之间没有合同、章程等的约束,是松散的,主要以系统文化和集体感情作为联系的两大纽带。而系统文化的形成和传承都离不开一套完善且行之有效的教育培训体系，设计、建立和执行这样的教育培训体系是系统领导者的义务，也是直销系统发展壮大的根本保障。

2. 直销系统领导者特质分析

直销系统领导人应该具有哪方面的特质？直销领导人与其他行业领导人的特质是否不同？直销系统领导者特质对其系统组织发展的影响如何？DISC四种特质类型中哪一种更受欢迎？为此，本书依据领导特质及领导力相关理论，结合相关文献资料，在广泛征集直销系统领导者特质的基础上，围绕直销系统领导者特质对其组织发展的影响，设计了问卷A，并以JK公司业绩优异的直销系统领导者为样本进行了问卷调查。考虑到本书的主题是研究直销系统领导者特质对其组织发展的影响，而不同的直销公司对直销系统组织发展而言是外部因素，是直销领导者特征以外的因素，为了研究的聚焦性，本书所有问卷只选择一个公司的直销系统领导者作为调查对象。

本次问卷调查共回收191份有效问卷，被调查的直销系统领导者的基本信息如下（见表4.4）：性别方面，男性占25.13%，女性占74.87%；年龄构成方面，30岁及以下占2.09%，31～40岁占9.42%，41～50岁占43.46%，51～60岁占36.13%，61～70岁占7.33%，70岁以上占1.57%；学历方面，42.41%是初中及以下，41.36%是高中/中专/技校，11.52%是大专，3.14%是本科，1.57%是硕士及以上；从业年限方面，两年及以下占5.24%，2～5年占36.65%，6～10年占38.74%，11～15年占12.04%，15年以上占7.33%；团队规模方面，成员数量在100人以下的占28.27%，成员数量在100～300人之间的占27.75%，成员数量在301～600人之间的占15.71%，成员数量在601～900人之间的占

表4.4 191个被访者信息表

性别	男			女		
	25.13%			74.87%		
年龄（岁）	31岁以下	31～40	41～50	51～60	61～70	70岁以上
	2.09%	9.42%	43.46%	36.13%	7.33%	1.57%
学历	初中及以下	高中/中专/技校	大专	本科	硕士及以上	
	42.41%	41.36%	11.52%	3.14%	1.57%	
从业年限(年)	2年及以下	2～5	6～10	11～15	15年以上	
	5.24%	36.65%	38.74%	12.04%	7.33%	
成员数量(人)	100人以下	100～300	301～600	601～900	901～1200	1200人以上
	28.27%	27.75%	15.71%	9.95%	6.28%	12.04%

9.95%，成员数量在 901~1200 人之间的占 6.28%，成员数量在 1200 人以上的占 12.04%。

调查结果表明，96.86%的人认为直销系统领导者与其他行业领导者有不同特质，这与杨小红等人（2014）的调查结果是一致的。83.25%的人认为直销系统的领导者特质对其组织发展的影响非常大，15.18%的人认为直销系统的领导者特质对其组织发展的影响比较大，这与杨小红等人（2014）的调查结果也基本一致。

既然本书及之前的调查结果都表明直销系统领导者一定具有某些共同的特质，那么这些特质是什么呢？本书通过开放式问卷访谈，再结合文献研究的结果，对所收集到的资料进行整理汇总后，共得到 62 个特质项目，再让每一个调查参与者从 62 个项目中最多选出 10 个他认为对直销系统领导者最重要的特质。结果选择超过 50%的有 2 个特质，分别是抗挫折能力和自信心；选择超过 40%低于 50%的有四个特质，分别为目标感强、胸怀宽格局大、发现及解决问题能力和自律性；选择超过 30%低于 40%的有六个特质，分别为使命感、责任心、组织能力、计划性、学习力及感恩；选择超过 20%低于 30%的有七个特质，分别是忠诚、强烈的成功欲望、专业知识与技能、亲和力、包容心、行动力和勇于担当。选择超过 10%的特质共计 30 项（见图 4.1）。

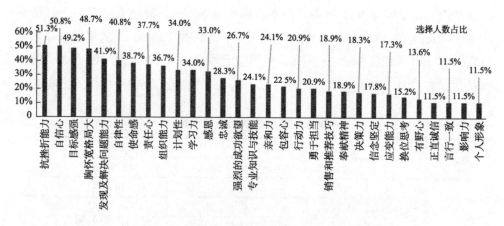

图 4.1　选择超过 10%的特质及具体占比

杨小红等人（2014）的调查对象是安利公司业绩优秀的直销商，在问道"您符合以下哪些特征"时，95.7%的直销商选择了"强烈的成就动机"，66.0%的直销商选择了"能自我控制"，61.7%的直销商选择了"在人群中有适应性"，

34.0%的直销商选择了"对营销、商业有兴趣",25.5%的直销商选择了"具有推销技巧"。赵国祥等人(1999)的测试结果表明,自我控制力、成就动机、社会适应性、推销技巧、职业兴趣为优秀直销商必备的五项主要心理品质。由于本书的特质描述与杨小红等人(2014)及赵国祥等人(1999)的有差别,所得结果无法直接比较,但从实际意义上看还是比较相近。

大多数直销商虽然基于分享的理念去销售和推荐,但很多人却不接受,甚至将对方曲解为想赚自己的钱,因此直销商在展业过程中遭受拒绝是家常便饭,冷嘲热讽也不绝于耳,亲人的不理解,朋友的敬而远之,都是直销商迈向成功必须经历的一道道坎,因此一个意志不坚定的人、一个成功欲望不强烈的人、一个自信心不强的人是很难经受住这种磨炼和考验的。强烈的成功欲望、坚韧不拔的抗挫折能力及自信心让那些优秀的直销商们一次又一次突破自我,把困难当成挑战,在通向成功的道路上砥砺前行,一步一个脚印地迈向成功。

一个优秀的直销系统领导者只是个人英雄还远远不够,必须带出更多的英雄,每一个直销制度都鼓励个人成为产品销售能手和高手,更鼓励帮助更多的下级直销商成为产品销售的能手和高手,这要求直销系统领导者要有大的格局和宽广的胸怀,还要具有发现问题和解决问题的能力,以使命感感召人,用自律性和责任心带动人,用目标感去影响人,知人善用,人尽其才,帮助更多的人成功自己才会更成功。

4.4.2 不同特质类型直销系统领导者分析

任何人的特质表现都是多方面的,他不可能只具有一个特质,也不可能具备所有的特质。为使研究更加聚焦,还需要结合以上分析结果将直销系统领导者特征划分为不同类型。当然特质分类测评的方法有很多,考虑到与MMPI、卡特尔16PF及其他测评分类方法相比,DISC能更好地描述领导者的特质,比如优势、劣势、情绪稳定性等,并且测试时间短,简单易行,有比较完善的解释体系,更重要的是在多年的直销系统管理实践中,学者发现直销系统领导者大多符合D、I、S、C四种类型的某一种或两种,因此本书选用DISC对直销系统领导者特质进行分类,并结合直销系统实例对不同特质的直销系统领导者展开研究。

1. D 类型特质的直销系统领导者分析

D型特质领导者属于高支配力D型,是任务导向型的领导者。其所有的行为举止都以完成任务为目的，往往表现出强势的态度。D 型特质的直销系统领导者往往被认为高效率、不拖泥带水，能够带领团队走向成功。

D 型特质直销系统领导者能够对外界的变化做出快速且强烈的反应，其优势主要表现为：

（1）有魄力。D 型特质直销系统领导者在组织发展过程中敢于在团队遇到困难的时候挺身而出，为组织发展承担责任，凭借其经验与直觉决策的能力，在关键时刻做出果断迅速的反应。

（2）有驱动力。驱动力包括自我驱动与驱动他人两个方面。D 型特质直销系统领导者具有对成功的强烈渴望，做事积极主动，时刻要求自我进步，毫不懈怠。另外，D 型特质直销系统领导者还会驱动其团队成员及母系统领导者向着更积极的方向发展，会向团队成员灌输自己的思想，是驱动大家的精神领袖。

（3）具有远见卓识。D 型特质直销系统领导者在团队发展中能够从长远的角度思考问题，拥有良好的大局观，善于抓住机会让自己在组织中发挥更大的作用，渴望在团队中充当更重要的角色，渴望自己拥有更大的成就。

（4）具有铁腕手段。D 型特质直销系统领导者在团队中更能用铁一般的纪律和制度对团队成员提出要求，并能够运用强势的态度要求团队成员执行。

（5）雷厉风行、快速高效。D 型特质直销系统领导者拥有超强的执行力，他们做事迅速，从不拖泥带水，追求的不仅是把事情做好，而且要高效地把事情做好。

（6）结果导向。D 型特质直销系统领导者拥有超强的目标感，只把最终的结果作为衡量成败的标准，而不会计较在实现目标过程中的辛苦和心酸。

（7）不屈不挠、越挫越勇。D 型特质直销系统领导者拥有超乎常人的自信心，无论遭遇什么样的打击都不会停下前进的步伐，在哪里跌倒就会在哪里爬起来，从来都不自怨自艾。

D 型特质直销系统领导者的不足主要表现为：

（1）缺少亲和力，让人很难接近。D 型特质直销系统领导者往往神色冷淡，表情严肃，给人一种难以接近的感觉。

（2）脾气比较暴躁。D 型特质直销系统领导很容易愤怒，并且他们在发脾气的时候自己难以察觉，只觉得自己仅仅是说话声音大了一些而已。

（3）对人以批评为主。D 型特质直销系统领导很少夸赞别人，认为不批评就是表扬。

（4）刚愎自用。D 型特质直销系统领导者认为自己做的所有事情都是没有任何瑕疵的，都是正确的。他们虽然喜欢批评别人，但对于别人对自己的批评却很难接受。

（5）不善于倾听。D型特质直销系统领导者喜欢表达自己的观点，不善于倾听他人的声音。通常会打断别人的说话，尤其在与对方观点不一致的时候，会急于打断别人而表达自己的观点。

（6）做事缺少计划。D型特质直销系统领导者往往是先做后想，做事过程中决策会经常变化，缺少统筹的安排与计划。

总体而言，D型特质直销系统领导者具有魄力，能够带领团队完成任务，但由于其对人缺少亲和力，不利于团队的和谐稳定。

JK公司MD系统创办人ZBH自测属于D、C（两类型得分相同）类型领导人，其公司市场领导评价其具有D型领导优点，但有C型领导缺点。该领导人说话做事强调以结果为导向，最突出的优势特质之一是计划明确，他对自己未来两个月的计划安排得非常详细，每次与公司市场经理见面或通话，都能明确告知其本月准备去什么地方，开什么会。领导者的这种计划性有助于培养所有系统成员的目标感及配合度，系统领导者有计划，团队伙伴才有行动力。该领导人第二个突出的优势特质是学习能力强，他虽然可能只读到小学二年级，但却能把神经语言程序学（附录名词解释）讲得有声有色，非常接地气，这源于他爱学好学，也很会学。根据系统组织发展的需要来确定自己的学习内容，团队需要什么自己就学习什么，并且能够把学习的成果转化为培训的结果。他认为培训抓的是人的思想，改变人的认知层面。正因为他系统培训做得好，做得扎实，其团队建设成效才高。在本书的另一个调查中，其所属公司市场领导及其上属系统领导对他的系统的团队建设评出4.75的高分（总分5分），其团队可持续发展力也获得比较高的评分4.63分，他所创办的MD系统在组织发展潜力上获得所有被调查系统中的最高分4.46分。该领导人第三个突出的优势是具有较强的创造创新能力。2020年初，由于疫情无法聚集培训，他率先开始线上直播课程，创造了线上学习的新环境，让系统伙伴足不出户仍能学习。为了让不同地区的市场能够同步招商同步学习，他创建了系统线上直销小组，成员都是具有本科及以上学历的年轻人。他走到哪里，直播就跟到哪里，最多的时候4~6个分会场同时直播。这种创造创新也让他收获很多，伙伴们在店里或家里就可以通过网络观看他的直播，这带动了大家做市场的热情，也逐步撬动了更大的市场，系统在疫情期间的组织业绩不仅没有下降反而有了提升，这在直销业应该也是少有的现象。该领导人最突出的不足是刚愎自用，认为没有自己解决不了的问题，结果导致系统内一些问题由于没有及时得到解决而小事变大事。

在本书关于"直销系统领导者特质与组织发展"的问卷调查中，有超30%的被访者希望跟随D型领导者从事直销事业，也希望自己的下属成为D型领导者，因为他们认为D型领导者更利于直销系统的组织发展（见图4.2、图4.3、图4.4）。

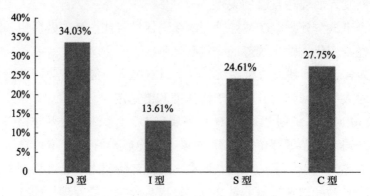

图 4.2　希望领导人为哪种类型的选择占比

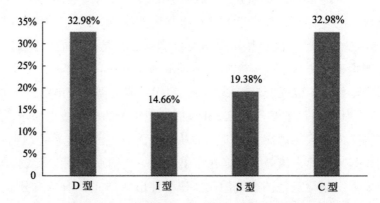

图 4.3　希望下属成为哪种类型领导者的选择占比

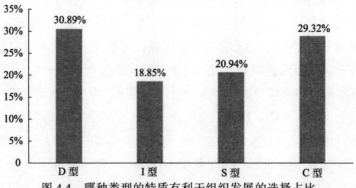

图 4.4　哪种类型的特质有利于组织发展的选择占比

2. I 型特质直销系统领导者分析

I 型特质直销系统领导者属于高影响力型特质，其优势主要表现在以下方面：

（1）富有人格魅力。I 型特质直销系统领导者富有个人感召力，能够在短时间内获得别人的认可和支持。

（2）富有激情和感染力。I 型特质直销系统领导者的激情常常会感染到他人，使他人在很大程度上支持他，认同他，甚至愿意投靠他，依附他。

（3）乐于沟通。I 型特质直销系统领导者具有很强的沟通能力，并且愿意与人沟通，他们常常会热情、愉快地与人交谈。

（4）乐观向上的处事态度。I 型特质直销系统领导者的脸上总会带着笑容，即便是在困难的条件下也能保持积极乐观的态度，并给人带去温暖和快乐。

（5）民主平等。I 型特质直销系统领导者常常能够放下身段和团队成员保持平等的关系，通过团队成员群策群力地去解决问题。

（6）主动授权，善于激励下属。I 型特质直销系统领导者善于发现团队成员的优点，并愿意通过主动授权的方式给予团队成员充分的自主发挥的空间，并具有很强的激励下属的能力。

（7）富有幽默感。I 型特质直销系统领导者愿意用善意的玩笑营造良好的氛围，也能够接受别人善意的玩笑，具有很强的幽默感。

I 型特质直销系统领导者虽然非常希望得到别人的认可和喜欢，但却很难得到所有人的喜欢，因为其仍有以下不足之处：

（1）话多。I 型特质直销系统领导者虽然健谈，但有时抓不住谈话的重点，会让人反感。

（2）盲目乐观。I 型特质直销系统领导者常常迫不及待地想要让每个人都满意而过度承诺，最终形成难以兑现的空头支票。

（3）摇摆不定。虽然 I 型特质直销系统领导者喜欢民主，但很多时候其优柔寡断的性格很难在决策上达成团队内部的共识。

（4）时间管理差，没有计划性。I 型特质直销系统领导者往往没有清晰的时间观念和工作规划，常常迟到。

（5）看人做事表面化，不注重细节。I 型特质直销系统领导观察问题往往不够深入，常常对事物做出不够准确的评价。

总之，I 型特质的直销系统领导者具有人格魅力，在组织发展中能够起到凝聚人心的作用。比如，JK 公司 XX 系统创办人 QDE 最典型的优势特质就是情商高、富有人格魅力、富有激情和感染力，并且踏实肯干、能付出、行动力强，是团队的黏合剂。她性格直爽，与公司的配合度非常高，所带领的团队氛围非常融洽，凝聚力很强。但由于她文化水平较低，行动力又过强，有时做事情难免缺乏全面的考虑，往往难以收场。另外，在组织团队学习和培训上力不从心，导致系统人才缺乏，领导团队后继无人，所以对团队很多事情大多事必躬亲，组织培训也是依靠几位核心领导人。有时候又因为"老好人""和稀泥"，不能及时解决团队出现的问题及矛盾。

在本书关于"直销系统领导者特质与组织发展"的问卷调查中，无论是对自己、对领导人、对下属，还是对系统组织发展，在四种特质类型领导者中，I型特质领导者的选择人数占比最低（见图 4.5）。

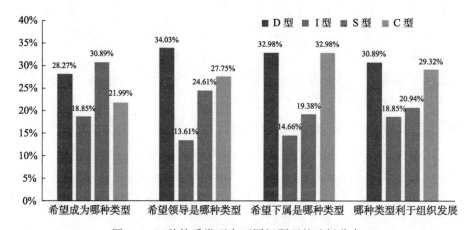

图 4.5　四种特质类型在不同问题下的选择分布

3. S 型特质直销系统领导者分析

S 型特质直销系统领导者属于高稳定型特质，被认为是与 D 型特质直销系统领导者截然相反的特质类型，其优势主要表现为：

（1）富有同情心且具有较好的亲和力。S 型直销系统领导者常常给人以和蔼可亲、平易近人的温和印象，在与团队成员交流时常给人以亲切感，令人感觉无拘无束，使团队成员愿意与其真诚交流。

（2）坚持不懈的毅力。S 型特质直销系统领导者通常不慌不忙地打持久战，凭借自身的坚持不懈最终获取胜利。这种在逆境中坚持不懈的品质在直销系统发展中尤为可贵。

（3）有效倾听。S 型特质直销系统领导者能够在倾听中委婉地发问，与对方保持顺畅的互动与交流。

（4）谦逊低调。S型特质直销系统领导者一般不会自我表扬，高调行事。他们往往不会参与到与别人的竞争中，而在不显山不露水中做好工作。

（5）重视团队作用，有服务、支持他人的意识。S型特质直销系统领导者常常会扮演团队成员的保护者或服务者角色，主动给予团队成员支持与帮助，给团队成员创造机会，让他人成功，让团队成功。

（6）包容他人，并能充分地授权他人。S型特质直销系统领导者认为无论在什么情况下，什么领域中，人和人之间都是平等的。他们能够包容不同的意见，甚至对团队中不受欢迎的人保持善意。同时能够给团队成员充分的授权，给予人充分的信任。

（7）沉着镇定的气概。S型特质直销系统领导者通常拥有较为沉稳的性格，在遇突然事件时，能够镇定地予以应对。

（8）强大的组织协调能力。S型特质直销系统领导者虽然没有过人的社交天分，但却善于组织协调，能够周详地考虑各方立场和利益。

S型特质直销系统领导者常常给人以温文尔雅的印象，但他们也会遭到来自团队成员的控诉，其主要不足表现如下：

（1）优柔寡断。S型特质直销系统领导者不善于做决策，除了自己的专业领域，什么事情都喜欢进行投票，不敢下决定。

（2）不愿与人交流。S型特质直销系统领导者虽然能够与团队成员进行有效的沟通，但这并不代表他们愿意与人沟通。S型特质直销系统领导者常常是被动的一方，一般等到别人提问了之后才做回答。

（3）安于现状、不思变革。S型特质直销系统领导者喜欢按部就班地做事，即使做事的环节或流程不合理，也不愿意轻易改动。他们很容易满足，喜欢能给人带来安全感的环境。

（4）不会拒绝。作为利他主义者的S型特质直销系统领导者轻易不会拒绝别人，哪怕是有些过分的要求。

（5）脾气倔强。S型特质直销系统领导者虽然在态度上容易妥协，但其内心其实很难被说服，尤其在他打定主意以后。

JK公司XX系统创办人QYL自测S型，公司市场领导的评价也是S型。她突出的优点是有担当，主动解决问题，知人善用，忠诚和坚持。下属领导人刚成立系统时，团队内部有矛盾，她第一时间去沟通协调，反复给当事人做工作，最终很好地解决了问题。她善于发现人才，对于有能力有潜力的合作伙伴，她有意识地去培养，放手让他们去发挥，前期帮下属带团队，带市场，中后期以辅助为主，有利于下属快速成长，早日独立。即使下属市场可以独立动作，她仍然与下属领导人保持密切联系，随时为市场服务。该领导坚守所从事的直销事业，坚定不移地紧跟所属公司，无论外部环境如何，都一直深入到系统第一线，不断开发新市场，探讨新的运作模式，保持系统业绩蒸蒸日上。该领导人的主要不足之处是学习力差，在大市场上起不到带动的作用，一个人封闭在小市场，难以借力，小市场做不起来；其次是不懂得拒绝，导致小市场依赖太强，成长比较慢；还有就是做计划性不够，不用心总结经验和教训，导致金锅宴开了多次都没取得预期的效果。

总体而言，S 型直销系统领导者的存在，能够大大提升团队的稳定程度，有利于团队的可持续发展。在本书关于"领导者特质与组织发展"的调查中，希望成为 S 型领导者的被访者占比最高（见图 4.6）

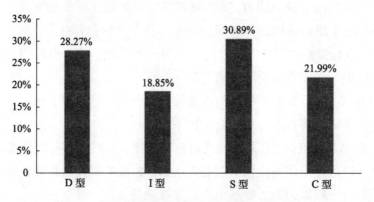

图 4.6　最希望成为哪种特质类型领导者选择占比

4. C 型特质的直销系统领导者分析

C 型特质直销系统领导者属于高遵从型特质，被认为是与 I 型特质直销系统领导者截然相反的特质类型，其主要优势表现在以下几个方面：

（1）很强的执行力。C 型直销系统领导者完成任务不需要任何理由，只要给他们清晰的满意标准，他们就会严格地执行。

（2）坚持原则，恪守纪律。C 型直销系统领导者有很强的规则意识，他们愿意坚持原则，并能够自觉地恪守纪律。

（3）注重细节，精益求精。C 型直销系统领导者有足够的耐心从事情的细节入手，愿意把事情做精做细，具有钻研精神。

（4）以身作则的职业态度。C型直销系统领导者喜欢做，用做代替说，以身作则地为团队做出表率。

（5）能够正视自己的错误。C型直销系统领导者意识到自己犯了错误后会真诚地反省，并能够在团队成员面前坦率地承认自己的错误。

（6）善于计划。C型直销系统领导者能够很好地做好时间管理，凡事列出清晰的计划，并按照计划做事。

C型特质直销系统领导者有以下不足之处：

（1）不接受任何瑕疵。C型特质直销系统领导者无论是对自己还是他人都非常严格，但是这种过分追求完美的特点常常会导致资源的极大浪费。

（2）缺少长远发展的眼光。C型特质直销系统领导者往往习惯于应对眼前的任务而忽略长远的战略发展，这在一定程度上会对团队的效率造成影响。

（3）做事过于教条，不善于随机应变。C型特质直销系统领导者凡事都喜欢通过书面形式进行汇报和总结，会严重影响沟通的效率。

（4）不善于授权。C型特质直销系统领导者做事总是前瞻后顾，难以对事情进行决策，也不放心把事情交给别人，因此他们常常亲力亲为，不善于授权。

（5）缺少处理人际冲突的方法。C型特质直销系统领导者在处理人际冲突或需要协调关系的时候常常束手无策，找不到解决的方式方法。

（6）容易疑神疑鬼。C型特质直销系统领导者做事追求完美，对事多疑，这非常容易让他们陷入忧郁之中。

（7）做事缺少人情味。C型特质直销系统领导对所要完成的任务拥有很强的控制欲，会不厌其烦地不停地对任务进行安排，经常会引起他人的反感。

JK公司XH系统创办人PSY自测C型，D型得分也很高，公司市场领导评价为S型，心态积极，勇于担当，具有较强的管理能力，善于培养人才和使用人才，一直以来都在用积极的心态管理团队，相信公司，配合公司，团队有问题尽量自己解决。无论是2019年打击传销规范直销的"百日行动"，还是2020年疫情期间，她所创办的XH系统的业绩不降反升。尤其是当2020年年初疫情暴发的那一刻，她把培训和会议都转到了线上，在线上与领导人交流系统的发展方向，在线上进行招商。她的系统之所以对外部环境变化有如此快速的反应及应对，得益于她独创的系统管理模式。她在系统内部采用层级管理，系统下设六个体系，百余个团队，系统负责把握大方向，负责制订目标和计划，体系负责落实和协调，团队负责执行。因此整个系统凝聚力非常强，几乎做到了一呼百应。例如，2020年9月公司市场小组到XH系统举办"系统培训-精英入门训练营"时，为了表示对公司培训教师的尊重，她要求所有参会人员正装出席。虽然通知是在培训的前一天才下达，但在培训当天所有参训学员服装整齐划一，精神抖擞，充分彰显了其作为该系统领导者的领导力及团队的执行力。该领导人非常善于发现人才、培养人才和起用人才，不定期举办讲师培训班、主持人培训班等，即便是一个刚加入系统的新直销商，只要是人才，她都会不拘一格地进行培养和塑造，并且很快能见到成效。因为能力强，水平高，做事追求完美，所以她总不愿放权，怕放权，不免引起系统内一些领导人的不满，挫伤了一些领导人的积极性。遇到她无法亲力亲为的时候，团队成员就会迷茫，业绩也会受到影响。2019 年该领导人在一次下市场期间不慎受伤，所以很长一段时间无法下到市场，系统就出现了不良情况，加上该领导人年岁高，思想有些陈旧，系统整体氛围比较沉闷，不利于吸引年轻人进入。

总体而言，C 型直销系统领导者拥有强大的行动力，能够促使团队将目标变为行动，把行动变为结果。但他们也会常常处于一个比较尴尬的境地，因为团队成员会对领导者的吹毛求疵和事必躬亲产生反感进而影响自己的积极性。

综合以上分析，可将不同特质类型的直销系统领导者的表现归纳如表 4.5 所示。

表 4.5 不同特质类型的表现

特质类型	优势表现	劣势表现
D 型	有魄力，有驱动力，有创新力，有远见卓识，有铁腕手段，以及目空一切的赢家心态，雷厉风行，快速高效，结果导向，不屈不挠，越挫越勇	缺少亲和力，性格比较急，脾气大，总批评不赞美，刚愎自用，不善于倾听，先行动后计划
I 型	自来熟，富有人格魅力，有激情感染力，乐于沟通，富有同情心，乐观向上，能放下身段，讲究民主平等，群策群力，善于激励下属，有幽默感，情商高	盲目乐观，容易承诺，摇摆不定，时间管理差，没有计划性，不注重细节
S 型	有亲和力，有同情心，有毅力，有效倾听，谦虚低调执着，注重团队服务，支持他人，包容心强，会授权，协调能力强	优柔寡断，不愿交流，安于现状，不思变革，容易满足，不会拒绝，固执倔强
C 型	执行力强，坚持原则，恪守纪律，注重细节，精益求精，以身作则，可在下属面前承认错误，善于计划，时间观念强	事必躬亲，吹毛求疵，过于教条，不随机应变，疑神疑鬼，任务导向，控制欲强

虽然 DISC 理论将特质分为四种类型，但没有一个人的特质完全符合其中的一种类型，大部分人或多或少的同时具有两种或以上类型的特质。图 4.5 的结果表明，对于直销系统而言，D 型和 C 型特质领导者都是最受欢迎的领导者类型，也是对系统组织发展最有利的特质类型。本书的另外两个调查结果表明，

在 31 个被访的系统领导者中，两个 D 型、C 型特质最明显的系统领导人获得的公司市场领导及其上属系统领导对其系统的组织发展评价分数最高，分别是 4.46 分和 4.31 分，排在第三名的领导人特质类型是 I 型兼 D 型。他们的系统业绩也是排在最前面。本书关于系统领导者特质的调查还出现了一个比较有意思的结果，就是 31 个被调查的系统领导人自测特质类型很多都是 D 型，但公司市场领导对他们的评价却大都属于 I 型和 S 型。

4.5 领导者特质在直销系统组织发展不同时期的作用

一个人的特质并不是一成不变的，而是既有先天遗传的因素，又有通过后天的社会实践所获得的能力与品质。直销系统是一个自组织系统，它的发展和壮大很大程度上靠的是系统领导者的个人吸引力，成长过程更是类同于生命体的发育过程。陈得发等人（2005）将直销组织发展分为三个时期：一是累积知识与产生共鸣时期，二是建立网络时期，三是领导权转移时期。本书将这三个时期形象地比喻为孕育期、成长期和裂变期。有些直销系统刚开始发展很快，但后来由于团队内部矛盾重重，四分五裂，严重制约了系统组织发展，甚至土崩瓦解；也有些系统虽然刚开始发展缓慢，但由于创办人一开始就注重寻找和发现领导人，并进行合理的布局，最终使系统组织厚积薄发，蒸蒸日上。因此，直销系统组织在发展的不同时期需要不同类型特质的领导者，一个人要从一个普通的直销商成长为直销系统领导人，必须不断获得新的特质。

4.5.1 领导者特质在直销系统孕育期的作用

一个新的直销系统的诞生就像婴儿的诞生。婴儿的出生需要经过十月怀胎，在母体里从受精卵开始，由一个细胞分裂并逐渐进入子宫，在第 7~8 周的时候胚芽和胎心开始搏动，在第 10 周之前所有器官开始形成，在第 11 周时所有器官具备了雏形，其开始被称为胎儿。四个月时胎儿的骨骼系统形成，五个月时胎儿形成了完整的心脏，九个月时胎儿的心肺发育完成，第十个月孕妇开始分娩，整个过程展现了生命的伟大和神奇。

为什么把直销系统的成立比喻成一个婴儿的诞生呢？这是因为直销系统是一个自组织系统，是有生命力的系统。直销系统刚开始时只有自己一个人，这个时候还不能被称为系统，甚至连一个合格的直销商都不是，只能被称为一个消费者，但却是一颗孕育着直销生命希望的种子。直销商只有不断地使用和体验产品，不断地寻找潜在"种子选手"，让其认可并接受他所推荐的产品、事业机会及生活理念，才能完成从消费者到销售者，再到经营者的不断进化，这个过程就像生命的孕育与诞生。直销系统需要在已有的直销系统这个母体中孕育，像细胞分裂一样，从一个人到两个人，再到更多的人，然后开始形成属于自己系统的雏形。这个雏形一般包括可以优势互补的核心领导团队，明确的组织发展目标和理念，相对成熟的运作模式，较为完善的、系统化的学习培训课程及一定数量的团队成员基数。

在直销系统孕育期，领导者需要建立一个以三人为最佳的核心领导团队，并为直销系统制定出清晰的自我定位、可执行的行为标准、系统化运作的模式及直销系统运营中的反馈机制等直销系统组织发展的基本结构。

直销系统清晰的自我定位就是要进行直销系统内的文化建设，文化建设实际上就是回答了团队为什么做和怎么做的问题。"为什么做"即团队的愿景，"怎么做"即团队的行为规范。直销系统在解释自身"为什么做"和"怎么做"的时候，应该以所服务直销公司的愿景和行为规范为准则。

JK 公司提出"五大法宝"，包括一个使命（"承载健康环保使命，把健康和财富带到万户千家"），两大精神（丰财富德、利己惠人），三项原则（以中国国情、自身条件为依据，以承担责任、解决问题为根本，以百年心态、持之以恒为导向），四点要求（忠诚处世、忠信处行，以义待物、以礼待人，自强不息、自知不妄，当仁不让、当宠不骄），以及五块金牌（金科沃特品牌的"大爱担当"，金科品牌的"关爱无处不在"，晟派品牌的"爱从最亲密的人开始"，欣派品牌的"谁说岁月不饶人"和星魁品牌的"爱锁住永恒的美丽"）。"五大法宝"的文化表述中"承载健康环保使命，把健康和财富带到万户千家"回答了团队为"什么要做"的问题，两大精神、三项原则和四点要求则回答了团队要"如何做"的问题，五块金牌则为"如何做"给出了具体的行动方案。

如 JK 公司 MD 系统，该系统愿景引用《大学》中的名句："大学之道，在明明德，在亲民，在止于至善。"但其使用 MD 一词实际的意义是要清楚明白公司企业文化的内在精神，就是说在不脱离母体情况下弄清楚自己要做什么，即以完成直销公司愿景为前提制定直销系统的发展愿景；MD 系统制定的行为规范是五大禁忌，即禁忌经济纠纷、禁忌感情纠纷、禁忌消极言论、禁忌干扰市场和禁忌随意承诺；MD 系统制定的行为规范以 JK 公司文化中的三项原则和四点要求作为理论指导，结合自身团队情况制定而成。这就是在直销公司的行为规范下制定直销系统的行为规范。

直销系统要发展，只有清晰的定位是不够的，还必须制定出行之有效的运作模式及执行方案。会议运作一直以来都是直销最行之有效的展业方式，但什么时期开什么会、用什么样的形式开会、什么人来主办会、什么人来参加会都需要精心策划和计划。直销系统化运作常用的会议包括迎新会、产品说明会、培训会、团队表彰会、年会等。例如，JK 公司 JY 系统每周日召开产品说明会，每半个月召开一次新人欢迎会，每周三召开直销新人培训会，每周五召开直销领导人会，每个季度召开团队表彰会，每年召开系统年会。

直销系统领导者在各种形式的直销会议中，或向团队成员分享成功经验，或给予团队成员激励与培训，或通过会议促进与团队成员间的情感交流，以此帮助团队成员提升业务能力，明确团队规范，树立必胜信心甚至获得情感寄托及施展自身才华的空间。由于直销系统自组织的开放性特点，为保证直销系统组织健康发展，必须建立建全系统运作过程中的反馈机制，实行由上而下的管理通道及由下而上的咨询通道。

例如，JK 公司 GE 系统，在由上而下进行管理的时候采取三级梯队管理制度。将由直销系统领导者要关注的人才储备拟定为 36 人，并将此 36 人分为三级进行管理。第一梯队 6 人，直销系统领导者每天与第一梯队的人员进行联系，感受其状态，并对其执行力予以检测；第二梯队 10 人，直销系统领导者每周与第二梯队的人员进行联系，关注其状态，并主要保持与其顺畅的沟通交流及有效反馈；第三梯队 20 人，直销系统领导者每月与第三梯队的人员进行联系，传递对其关注，并重点向其提出业绩方面的要求。

感恩系统在由下而上进行反馈时采用的是咨询线制度。咨询线制度是团队成员由下而上自发地向咨询线老师进行咨询的制度。在打造咨询线制度的过程中，首先要让直销系统成员明确自己应该咨询的老师是谁，以及在什么情况下要主动进行咨询。

直销系统孕育期是一个自制模板的阶段，要求系统领导者既要成为直销系统文化的制定者，也要成为系统会议的组织策划者，更要成为团队管理及反馈机制的主要参与者。因此领导人必须对所属的直销公司更具认同感，富有人格魅力和同情心，有激情和感染力，情商高，善于激励下属。同时还要有很强的计划性和执行力，以身作则，事必躬亲，精益求精。因此 I, 型加 C 型领导者特质对直销系统的孕育阶段更为有利。

4.5.2 领导者特质在直销系统组织成长期的作用

直销系统成长期的主要任务是确保直销系统能够依照已制定好的直销系统的行为准则向实现直销系统愿景的方向稳步发展。这需要直销系统领导者至少做到将愿景转化为可执行的长期、中期、短期目标，营造良好的直销系统氛围，进行普遍及精准的人才培养，以及保持稳健的业绩增长。

愿景明确了直销系统组织发展的方向，但愿景只有被具体地描述成长期、中期、短期的目标才有可能得以实现。

例如 JK 公司 MD 系统，其直销系统愿景为"明明德"，表明其致力于为 JK 公司提出的企业使命——把健康和财富带到万户千家而付诸具体行动。在"明明德"的直销系统愿景下，MD 系统用清晰准确的数字将直销系统的愿景转化为可执行的长期、中期、短期目标，明确具体的数字目标，为直销系统组织发展规划出较为清晰的发展路径，提供了较为准确的反馈数据，更能有效提高直销系统成员的工作积极性。

要实现既定的目标，必须营造良好的直销系统团队氛围，只有这样才有利于吸引潜在消费者对直销产品、事业机会及相关理念产生好感，放下成见和偏见，接受新的理念从而先成为消费者，再转变为销售、经营者及领导者。JK 公司 GE 系统利用"金锅宴""水果沙龙"及"一面三吃"（即同样的面粉做出不同的食物类型，包括面条、水饺、馒头）等家庭聚会形式，让潜在消费者在较为轻松的愉悦环境中，对直销产品进行体验式了解；再借助初、中、高级培训会议，在团队成员各个发展阶段给予全面支持；利用各种团队内部的表彰会及团队多形式的经营者会议，提升 GE 系统成员的集体荣誉感和团队归属感，并有效促进团队成员内部的沟通与交流。GE 系统领导者通过对直销系统氛围的打造，力求实现"工作生活化，生活金科化，金科品牌化"的团队愿景。

营造良好的直销系统氛围既可以为直销系统成员提供开展直销业务所需的环境，又能让直销系统成员的生活更加多姿多彩。直销生活化，生活直销化，让直销系统成员在娱乐中学习，在娱乐中展业，不仅可以有效增加直销系统成员的生产力，同时也可以较为明显地增加直销系统成员对直销系统的认同感、归宿感和黏合度。

直销系统组织成长期的第三个主要任务是进行全面的人才培训，培训内容包括产品知识、基础业务知识等，并在培训中发现具有一定特质的储备人才，进行更为深入的精准培训。精准培训的作用主要是为具有一定特质的储备人才进行定向培训，以便充分发挥被培训者的天赋，使其快速成长，并承担更重要的团队角色。例如，JK 公司 HJ 系统利用初级讲师训对其直销系统成员进行基础培训，普及直销系统成员展业时所需的产品知识、专业知识及必备的基础业务知识，并在初级讲师中挖掘人才。在初级讲师训及其他形式的培训与实践活动中被挖掘出的储备人才，经由直销系统各层级的领导依照其本身的特质定向予以培养，力求将其培养成团队的核心力量。成长期以全面培养，重点选拔为思路，对直销系统成员进行全面及精细的培养，形成直销系统较为完善的人才培养选拔体系，在这个体系中直销系统成员可以获得自身的学习、提升和成长，直销系统领导者可以发现、选拔、培养和考核更多更优秀的人才。

直销系统组织成长期也是复制期，系统领导身体力行、以身作则地做好销售、推荐和服务等直销的基本工作，下属各级领导才会照样学样，确保直销基因被正确有效地复制。领导人的业绩不增长，团队的发展就会停止，这强调了直销系统领导者的榜样作用正是直销系统组织发展的原动力。例如，JK 公司 HQ 系统虽然规模很大，但系统的领导人不顾年过七旬一直身先士卒，冲在销售的一线，这不仅为系统全体成员树立了脚踏实地做事的榜样，也为 HQ 系统的组织发展提供了源源不断的发展动力。

在直销系统组织成长期，直销系统的领导者既是直销系统愿景转化为目标的制定者，也是实现各阶段目标的行动指挥者，还是营造良好的直销系统氛围的统筹者，是进行全面及精准的人才培训培养的指导者与执行者，更是保持稳健系统业绩增长的中流砥柱。这不仅需要有魄力，远见卓识，有驱动力，也要善于计划，有很强的执行力，恪守规矩，以身作则，还要注重团队的服务，支持他人，包容心强，有较强的协调能力，因此 D 型、C 型、S 型领导者特质在直销系统组织成长期对组织的发展更为有利。

4.5.3　领导者特质在直销系统组织裂变期的作用

直销系统组织发展在裂变期会面临团队中的优秀人才将成立自己的子系统问题。这个时期直销系统的主要任务是扶持优秀人才顺利成立稳健的子系统，保持母系统的正常运行。

首先要与新系统领导者进行卓有成效的沟通，辅助子系统推进系统文化建设、系统培训规划等基础性组织发展工作。在子系统的文化建设中，应该以母系统文化为基础，制定出与母系统文化相贴合的文化体系，以利于促进团队内部的和谐稳定。当然这要与新的系统领导者反复沟通，达成共识，切不能对下属提出强制性的要求，否则会适得其反。例如，JK 公司某系统领导者对下属成立子系统极度排斥，并强势反对。在下属执意成立子系统后，又对子系统进行过多且强势的干涉。最终导致母系统与子系统链接断裂，严重影响了其系统组织的健康发展。

子系统在成立初期会面临理论与实践不足、人才储备不够及业务流程不规范等一系列问题，需要母系统利用自身的经验及资源给予子系统行之有效的技术支持。例如 JK 公司 HT 系统（浩腾国际），在其子系统 HE（感恩）系统、GK（广阔）系统和 HJ（汇金）系统成立初期，仍频繁地保持与子系统领导人的接触及沟通，并在工作中不断向各系统领导人传授构建系统的经验技巧，对子系统存在的问题予以实时指导。经过半年的实践，最终子系统得以走上正轨，成为具有其母系统特质的新直销系统。

母系统领导者还要持续关注子系统动态，并给子系统组织发展以方向性指导。直销系统子系统成立后，母系统领导者既不能对子系统指指点点，也不能不管不问，而是应该持续关注，并给予系统组织发展方向性的指导。JK 公司把母系统管理子系统的理念总结为添力不添乱，协作不胁从，给方向不给方法。该理念强调了母系统和子系统同样作为独立的直销系统具有平等的地位，双方应该保持相互的尊敬，并且母系统由于更具有运作经验应该给予子系统发展方向上的指导，而对子系统运作中具体的操作不做过多干涉。例如 JK 公司 HJ（汇金）系统在其领导人辅助市场过程中，会不断强调团队发展原则，而不是一味地纵容下属系统组织肆无忌惮地发展，即协作不胁从。但是在指导团队具体工作的时候，却给予团队成员充分的发挥余地，让团队成员根据公司及系统的原则并结合自身实际情况自行制定决策，也即添力不添乱，整个过程的思路是：给方向不给方法，抓大放小。

在直销系统组织发展的裂变期，直销系统的领导者既是子系统进行文化建设等底层发展战略布局的沟通者，也是为子系统在成立初期提供技术支持的实施者及持续关注者，更是下属子系统组织发展方向性的引领者。他需要具有注重团队服务，支持他人，包容心强，会授权，较强的协调能力，还要具有谦虚低调执着，富有人格魅力，有激情感染力，乐于沟通富有同情心，乐观向上，放下身段，民主平等，群策群力，善于激励下属等特质，因此 I 型和 S 型直销系统领导者特质对这个阶段直销系统的发展更为有利。

总之，直销系统组织发展的不同时期，系统领导者需要完成的工作的性质是不同的，系统组织内部的成员构成及相互之间的关系也不同，直销系统领导者唯有自己不断改变才能适应或引领系统的发展，才不会成为系统组织发展的障碍。人无完人，直销系统也可能通过组建不同特质类型的核心领导团队，保证系统组织健康可持续地发展。

4.6 本章小结

直销系统是一些有影响力的高阶领导人为方便对团队的教育和管理所自发形成的组织，它既是直销商内部事务相互协作的平台，也是直销商和直销企业之间的缓冲及媒介。

第一个将直销系统发扬光大的是美国人耶格，他创立的耶格系统虽然不是成立最早的直销系统，但却是最早成功运作的直销系统，以至于后来业界很多著名的直销系统大都起源于耶格系统。直销系统作为直销发展到一定阶段必然产生的最高形式，在直销运作中的地位和作用越来越被直销管理者所重视。

本章在分析了直销系统及其组织发展特点的基础上，指出在直销系统组织发展中还存在直销双轨制管理、直销模式仍不被主流社会认可、直销运作中的不规范及直销文化与本土文化的冲突等问题，而且这些问题在未来一个较长时期内不可能消失。

影响直销系统组织发展的因素分为外部因素与内部因素。外部因素主要分析了政策及法律法规、舆论舆情、新营销模式、新冠疫情和直销公司因素的影响，其中政策及法律法规因素对直销系统的影响往往最大，甚至是决定性的。对同属于一个直销公司的不同直销系统而言，它们的组织发展虽然受到系统的运作理念及系统文化等影响，但系统运作理念及文化往往取决于系统的创办人及其特质，因此，直销系统领导者特质是影响直销系统组织发展的主要内部因素。

那么，直销领导者都具备哪些特质呢？我们的问卷调查结果显示，超过40%以上的被访者都认为抗挫折能力、自信心、目标感强、胸怀宽格局大、发现及解决问题能力和自律性是直销领导者应具有的主要特质。

为进一步研究直销系统领导者特质对其组织发展的影响，本书依照 DISC

理论将领导者特质分为 D 型、I 型、S 型与 C 型四种类型。

D 型特质直销系统领导者具有魄力能够带领团队完成任务，但由于其对人缺少亲和力，不利于团队的和谐稳定。I 型特质的直销系统领导者具有较强的人格魅力，在组织发展中能够起到凝聚人心的作用，但有时做事情缺乏全面的考虑，又因为"老好人""和稀泥"，有时导致后果难以收场，不能及时解决团队出现的问题及矛盾。S 型特质的领导者亲和力强，能包容，甘为人梯，但他们的优柔寡断和安于现状难以起到领导者的带动作用。C 型特质的直销系统领导者拥有较强的行动力，能够促使团队将目标变为行动，把行动变为结果，但团队成员也会对领导者的吹毛求疵和事必躬亲产生反感，进而影响他们的积极性，导致系统组织发展对领导者的依赖性。

直销系统从产生到发展成熟一般会经历三个时期：孕育期、成长期、裂变期，不同特质的领导者在系统发展的不同时期所表现出来的优势也不同。

直销系统孕育期要求领导者富有人格魅力和同情心，有激情和感染力，情商高善于激励下属。同时还要有很强的计划性和执行力，以身作则，I 型加 C 型领导者特质更具优势。在直销系统成长期，直销系统的领导者要制订系统发展目标及相应的行动计划，还要保证各项计划的落实及各阶段目标的实现，这不仅需要有魄力，远见卓识，有驱动力，也要善于计划，有很强的执行力，恪守规矩，以身作则。还要注重团队的服务，有较强的协调能力，因此在直销系统成长期 D、C 和 S 型领导者特质对组织的发展更为有利。在直销系统的裂变期，直销系统领导者的作用是引领，更重要的是支持，需要注重团队的服务，支持他人，包容心强，会授权，有较强的协调能力，还要有谦虚低调执着，富有人格魅力，有激情感染力，乐于沟通富有同情心，乐观向上，放下身段，民主平等，群策群力，善于激励下属等特质，因此 I 型和 S 型直销系统领导者特质对这个阶段直销系统的发展更为有利。

第 5 章

直销系统领导者特质对组织发展的影响

组织发展是一个复杂的过程,其构成因素是多方面的,领导者的不同特质对组织发展的影响也会体现在不同的方面。本书在第 4 章分析的基础上,一方面通过问卷调查及定量分析的方法,对构成组织发展的各种因素进行重要性评估,提炼出构成组织发展的核心要素,建立组织发展评价模型。另一方面,对不同领导者特质对组织发展的各核心要素的优势进行了对比分析,从定量的角度研究直销系统领导者特质对组织发展的影响,构建直销系统领导者特质对组织发展的影响模型。研究框架图如图 5.1 所示。

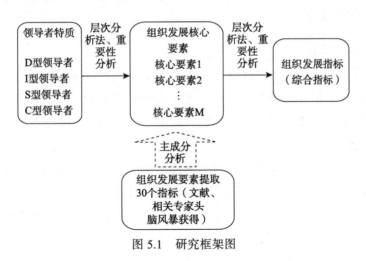

图 5.1　研究框架图

5.1　直销系统组织发展核心要素提取

崔树卿(2012)从中医对人体的研究类比分析构成组织的要素,提出组织系统架构由理念子系统、结构子系统、运行子系统、绩效子系统构成。沃伦·本尼斯（Warren Bennis, 1969）认为"组织发展是一种对变化的反应，是一种复杂的教育战略，试图通过改变信念、态度、价值观和组织结构从而使组织能够更好地适应新技术、市场、挑战以及日新月异的变化"。组织发展是在系统层面上，运用行为科学知识来有计划地发展和强化组织的战略、结构和过程，从而提高组织效率。吴宜真等人（2014）从社会自组织的视角提出直销网络的动态构建过程是一个自组织过程，直销组织是一种具有超凡魅力的组织形式。本书研究中的直销系统属于自组织系统，其自组织特性对于研究直销系统组织发展构成因素同样具有非常重要的参考作用。

5.1.1 研究思路

本书以直销系统、组织发展的文献及直销行业的特点为研究基础，组织相关专家采用头脑风暴的方式收集直销系统组织发展构成要素的条目，并对所收集的条目进行分析、整理与归类，设计出"组织发展因素重要性评估"调查问卷，邀请直销行业资深的系统领导人参与回答，运用主成分分析方法对回收的数据进行统计分析，提炼出直销系统组织发展的核心要素。

5.1.2 研究过程

1. 专家的选择

本书所选专家都非常了解直销系统及其组织发展特点，对直销系统组织建设、发展现状及发展前景非常熟悉，并在组织发展领域有一定的研究，能区分各项指标的细微差别，进而对评测结果做出准确的判断，能较为正确地对各项指标的权重进行判断。

参加直销系统组织发展潜力相关指标头脑风暴的专家细分为两类：一类是从事直销研究及教学方面的专家，要求从事直销教学研究工作五年以上；具有较高级的从事直销教学研究的职称或职务，发表过直销方面的研究报告、论文或公开发表过（包括互联网）论点、论述和论著；另一类是直销从业专家，包括直销企业的高级管理人员及资深的直销系统领导人，要求至少有五年以上的从业资历。在满足上述条件的前提下选取十名专家（见表5.1），其中男性占60%，女性占40%；在年龄构成中，30～39岁的占20%，40～49岁的占30%，50～59岁的占30%，60～69岁的占20%；在学历方面，80%以上的人具备大专以上学历，其中硕士学历占 20%，博士学历占 20%；20%的专家从业年限为 7～9 年，80%的专家从业年限在十年及以上。

表 5.1 专家信息表

性别	男		女		
	60%		40%		
年龄（岁）	30 岁以下	30～39	40～49	50～59	60～69
	0	20%	30%	30%	20%
学历	大专以下	大专	本科	硕士	博士
	20%	10%	30%	20%	20%
从业年限（年）	7～9		10 年及以上		
	20%		80%		

2. 直销系统组织发展因素选取

考虑到组织发展的构成因素具有较强的复杂性及多样性，本部分的因素选取主要采用头脑风暴法进行，由 10 位专家在正常融洽和不受任何限制的气氛中以会议形式进行讨论、座谈，打破常规，积极思考，畅所欲言，充分发表看法，最后结合崔树卿（2012）提出的组织系统模型对专家意见进行统计、处理、分析和归纳，客观地综合多数专家经验与主观判断，对大量难以采用技术方法进行定量分析的因素做出合理估算，经过多轮意见征询、反馈和调整后，初步选取 30 项组织发展因素，分别是使命感、忠诚度、职业道德、团队荣誉、共同价值观、社会责任、有核心领导团队、团队组织高效、成员互补、团队合作、团队稳定性、权责利明确、言路畅通、成员归属感、专业能力、有完善的培训体系、学习能力、协作精神、执行力、团队关系和谐、复制能力、创新能力、责任心、规则意识、一致目标、榜样作用、团队凝聚力、有效率工作、团队计划性和清晰的团队文化。

3. 问卷设计及发放

问卷对经过专家头脑风暴及筛选后所保留的 30 个组织发展构成因素，采用 5 级 Likerk 量表进行评分，测量它们对直销系统组织发展的重要性程度，最不重要的评 1 分，比较不重要的评 2 分，一般重要的评 3 分，比较重要的评 4 分，非常重要的评 5 分。

本次调查通过微信小程序发放调查问卷，对象为来自全国各个地方的直销系统领导者。问卷共发放 2 批，第一批回收问卷 75 份，有效问卷 67 份，问卷被访者基本信息见表 5.2。第二批回收问卷 70 份，有效问卷 63 份，问卷被访者的基本信息见表 5.3。

表 5.2　67 个被访者信息表

性别	男			女		
	31.34%			68.66%		
年龄（岁）	20 岁以下	20～29	30～39	40～49	50～59	60～69
	0	4.47%	8.96%	46.27%	31.34%	8.96%
学历	小学	初中	高中	大专	本科	研究生
	1.49%	38.81%	20.9%	23.88%	13.43%	1.49%
从业年限（年）	7～9			10 年及以上		
	20%			80%		
成员数量（人）	1～19	20～49	50～99	100～199	200～499	500 以上
	2.99%	10.45%	13.43%	8.95%	17.91%	46.27%

表 5.3　63 个被访者信息表

性别	男			女		
	31.34%			68.66%		
年龄（岁）	20 岁以下	20～29	30～39	40～49	50～59	60～69
	0	4.47%	8.96%	46.27%	31.34%	8.96%
学历	小学	初中	高中	大专	本科	研究生
	1.49%	38.81%	20.9%	23.88%	13.43%	1.49%
从业年限（年）	7～9			10 年及以上		
	20%			80%		
成员数量（人）	1～19	20～49	50～99	100～199	200～499	500 以上
	2.99%	10.45%	13.43%	8.95%	17.91%	46.27%

4. 使用统计分析软件 IBM SPSS Statistics 20 进行探索性分析

本书采用因子分析法提取主成分，因子旋转选取方差最大旋转法，简化对因子的解释。检验样本数据是否适合做因子分析，判定的指标通常有两个，即 KMO 值和 Bartlett's 球形检验卡方值。

5.1.3　研究结果及分析

依照凯泽（Kaiser，1974）的观点，如果 KMO<0.5，则数据不适宜进行因子分析。本书数据分析的 KMO 值和 Bartlett 球形检验卡方值见表 5.4，KMO

值为 0.839，Bartlett 统计值的显著性水平为 0，小于 0.001 说明数据具有一致性，可以做因子分析。

表 5.4 KMO 值和 Bartlett 球形检验卡方值

取样足够度的 Kaiser-Meyer-Olkin 度量		0.839
Bartlett 的球形度检验	近似卡方	4073.403
	df	435
	Sig.	0

Cronbach α 系数的值在 0 和 1 之间。如果 α 系数不超过 0.6，一般认为内部一致信度不足；达到 0.7～0.8 时表示量表具有相当的信度；达 0.8～0.9 时说明量表信度非常好。本书中量表的内部一致性信度系数等于 0.96，说明量表选取具有极高的可靠性。

表 5.5 可靠性统计量

Cronbach α	基于标准化项的 Cronbach α	项数
0.960	0.964	30

在统计分析中，探索性因子分析的主要作用是对相关内容题项进行归类，从而降低维度，以便用更少的因子概括原来各测量题项所包含的意义。本书通过因子分析共得到六个公共因子，这六个公共因子解释了直销系统组织发展 30 个构成因素的 76%的信息量，具体分析结果见表 5.6。前六个主成分的得分矩阵见表 5.7。

表 5.6 解释的总方差

成分	初始特征值			提取平方和载入			旋转平方和载入		
	合计	方差的%	累积%	合计	方差的%	累积%	合计	方差的%	累积%
1	14.891	49.636	49.636	14.891	49.636	49.636	7.712	25.707	25.707
2	2.351	7.838	57.474	2.351	7.838	57.474	4.040	13.468	39.175
3	1.760	5.866	63.340	1.760	5.866	63.340	3.697	12.322	51.497
4	1.611	5.369	68.710	1.611	5.369	68.710	2.646	8.821	60.318
5	1.192	3.973	72.683	1.192	3.973	72.683	2.469	8.230	68.548
6	1.089	3.631	76.314	1.089	3.631	76.314	2.330	7.766	76.314

表 5.7 旋转成分矩阵

	成分					
	1	2	3	4	5	6
团队荣誉感	0.811	0.214	0.161	0.196	0.128	−0.027
团队关系和谐	0.803	0.230	0.205	0.188	−0.134	−0.051
职业道德	0.773	0.398	0.200	0.099	−0.038	0.189
团队成员优势互补	0.759	0.213	0.306	0.014	0.128	0.213
成员归宿感	0.688	0.246	0.305	0.353	0.281	−0.041
言路畅通	0.675	−0.208	0.042	0.249	0.270	0.389
协作精神	0.659	0.100	0.002	0.260	0.241	0.370
团队组织高效	0.648	0.176	0.338	−0.034	0.159	0.189
社会责任	0.642	0.220	0.146	0.176	0.539	−0.135
共同价值观	0.639	0.442	0.345	0.070	−0.006	0.219
团队成员间合作	0.592	0.185	0.106	0.000	0.497	0.377
有效率的工作	0.541	0.579	0.338	0.113	0.111	0.150
规则意识	0.529	0.211	0.599	0.138	0.151	0.040
团队稳定性	0.524	0.374	0.103	0.531	−0.148	0.161
学习能力	0.512	0.524	0.239	0.046	0.240	0.144
复制能力	0.386	0.627	0.165	0.031	0.202	0.292
专业能力	0.377	0.118	0.442	0.650	−0.065	0.058
执行力	0.370	0.754	0.156	0.259	−0.030	0.189
有完善的培训体系	0.361	0.523	0.389	0.188	0.304	0.141
团队凝聚力	0.330	0.183	0.668	−0.011	−0.005	0.424
清晰的团队文化	0.314	0.094	0.777	0.081	0.186	0.029
创新能力	0.302	0.525	0.419	−0.069	0.402	0.274
榜样作用	0.295	0.173	0.488	0.164	0.182	0.534
使命感	0.213	0.302	0.161	0.244	0.057	0.737
忠诚度	0.200	0.086	0.274	0.119	0.809	0.153
团队计划性	0.181	0.528	−0.068	0.694	0.130	0.071
责任心	0.143	0.485	0.498	0.289	0.088	0.001
有核心领导团队	0.100	−0.025	0.117	0.755	0.253	0.276
权责利明确	−0.106	0.492	0.210	0.614	0.417	0.074
一致的目标	−0.179	0.316	−0.013	0.371	0.493	0.549

在旋转后的因子载荷矩阵中，保留因子载荷绝对值大于 0.5 的项目，并把因子载荷矩阵按由大到小的顺序重新排序，对分析结果旋转成分矩阵（见表 5.7）进行观察。

第一主因子在因素"团队荣誉感""团队关系和谐""社会责任""职业道

德""成员归属感""团队成员优势互补""言路畅通""协作精神""团队组织高效""团队成员间合作""共同价值观"上具有较高的载荷,这些因素都与直销团队文化有关,所以被命名为"团队文化"主因子。

第二主因子在因素"执行力""复制能力""有效率的工作""学习能力""创新能力""有完善的培训体系"上具有较高的载荷,这些因素都与团队发展力有关,所以被命名为"团队发展力"主因子。

第三主因子在因素"清晰的团队文化""团队凝聚力""榜样作用""规则意识""责任心"上具有较高的载荷,这些因素都与团队凝聚力有关,所以命名为"团队凝聚力"主因子。

第四主因子在因素"有核心领导团队""团队计划性""责权利明确""专业能力""团队稳定性"上具有较高的载荷,这些因素都与直销团队建设有关,所以被命名为"团队建设"主因子。

第五主因子只在忠诚度上具有较高的载荷,所以被命名为"忠诚度"主因子。

第六主因子在"使命感""一致的目标"上具有较高的载荷,所以被命名为"使命感"主因子。

最终得到构建直销系统组织发展的六个主因子,本书将它们称为构成直销系统组织发展的核心要素(见表5.8)。

表5.8 直销系统组织发展的核心要素

核心要素名称	测量	解释方差
团队文化	团队荣誉感,团队关系和谐,社会责任,职业道德,成员归属感,团队成员优势互补,言路畅通,协作精神,团队组织高效,团队成员间合作,共同价值观	25.707
团队发展力	执行力,复制能力,有效率的工作,学习能力,创新能力,有完善的培训体系	13.468
团队凝聚力	清晰的团队文化,团队凝聚力,榜样作用,规则意识,责任心	12.322
团队建设	有核心领导团队,团队计划性,责权利明确,专业能力,团队稳定性	8.821
忠诚度	忠诚度	8.230
使命感	使命感,一致的目标	7.766

根据各核心要素的基本组成情况:"团队忠诚度""团队使命感""团队文化"和"团队凝聚力"均属于理念子系统,总权重为54%;"团队建设"属于结构子系统,权重为8.8%;"团队发展力"属于运行子系统,权重为13.5%。这里的结果与崔树卿(2012)所认为的理念子系统对组织具有决定性作用的观念比较一致。

5.2 直销系统组织发展评价体系构建

5.2.1 研究思路

通过第 5.1 节的研究，调研者提取出直销系统组织发展的六个核心要素，但各个核心要素对组织发展的重要性程度是否存在不同？本书在第 5.1 节研究的基础上，设计出"组织发展核心要素两两比较的问卷"，运用层次分析法对两两比较的结果进行分析，确定各个核心要素对组织发展的权重，从而建立直销系统组织发展评价体系及综合评价指标，本书将其命名为直销系统组织发展指标。

5.2.2 问卷设计与发放

问卷设计以组织发展潜力为目标，要求被测试者对直销系统组织发展的六个核心要素进行两两重要性比较。为确保被测试者填写数据的准确性，问卷中提示他们在进行两两比较时，先将认为相对不太重要的那个项目的值确定为 1，并写在相应的位置上，注意前后有区别，再确定另一项目的得分。例如，A 和 B 相比有两种可能的结果：

$$[A, B] = [1, N] \quad 表示 B 比 A 重要$$

$$[A, B] = [N, 1] \quad 表示 A 比 B 重要$$

N 的大小表示重要性的程度不同：$N=1$ 表示同等重要，$N=3$ 表示稍微重要，$N=5$ 表示明显重要，$N=7$ 表示强烈重要，$N=9$ 表示极端重要。如果重要性介于以上两相邻判断的中间，N 可选 2、4、6、8。

为了确保回答的真实性和回收率，问卷采用匿名的形式向直销系统领导者、公司直销系统管理者发放，共 20 份。最终回收调查问卷 16 份，其中有效问卷 13 份，这 13 份问卷基本信息如下：性别方面，男性占 84.62%，女性占 15.38%；年龄构成方面，20~29 岁的占 15.38%，30~39 岁的占 38.46%，40~49 岁的占 30.77%，50~59 岁的占 15.38%；学历方面，高中及中专学历占 69.23%，大专学历占 30.77%；从业年限方面，2~4 年的占 15.38%，5~7 年的占 38.47%，8~10 年的占 15.38%，11 年及以上的占 30.77%。本书用有效的 13 份问卷作为层次分析法分析的基础数据。

第 5 章　直销系统领导者特质对组织发展的影响

表 5.9　13 个被访者信息表

性别	男		女	
	84.62%		15.38%	
年龄（岁）	20~29	30~39	40~49	50~59
	15.38%	38.46%	30.77%	15.38%
学历	高中及中专		大专	
	69.23%		30.77%	
从业年限（年）	2~4	5~7	8~10	11 年以上
	15.38%	38.46%	15.38%	30.77%

5.2.3　研究结果及分析

1. 判断矩阵的计算

对收集到的 13 份有效问卷，先确定出每份问卷的判断矩阵，再将 13 个判断矩阵各元素进行平均，即得到以直销系统组织发展潜力为目标的组织发展核心要素重要性评估的判断矩阵（见表 5.10）。

表 5.10　以直销系统组织发展潜力为目标的核心要素重要性判断矩阵

	团队文化	使命感	忠诚度	团队建设	团队凝聚力	团队发展力
团队文化	1	2	1/2	1/2	2	3
使命感	1/2	1	1	4	1	2
忠诚度	2	1	1	2	3	3
团队建设	2	1/4	1/2	1	1/2	1
团队凝聚力	1/2	1	1/3	2	1	2
团队发展力	1/3	1/2	1/3	1	1/2	1

2. 判断矩阵的特征值与最大特征向量计算

借助云算网的矩阵运算功能，计算出以直销系统组织发展潜力为目标的核心要素重要性判断矩阵的最大特征值 λ_{max} 是 6.717，最大特征值所对应的特征向量（见表 5.11），以下简称为"最大特征向量"。

表 5.11　以直销系统组织发展潜力为目标的核心要素重要性判断矩阵的最大特征向量

	团队文化	使命感	忠诚度	团队建设	团队凝聚力	团队发展力
最大向量	0.4480	0.4663	0.6024	0.2894	0.3203	0.1807

将最大特征向量进行归一化处理，得出组织发展各个要素的权重（见表 5.12）。

表 5.12　直销系统组织发展各核心要素的权重

组织发展核心要素	权重
忠诚度	0.26
使命感	0.20
团队文化	0.19
团队凝聚力	0.14
团队建设	0.13
团队发展力	0.08

3. 判断矩阵的一致性检验

首先依照下列公式计算一致性指标（Consisteney Index）CI：

$$CI = \frac{\lambda_{max} - n}{n - 1}$$

其中 λ_{max} 为判断矩阵的最大特征值，n 为判断矩阵的阶数。当判断矩阵具有完全一致性时，CI = 0，$\lambda_{max} - n$ 越大，CI 越大，矩阵的一致性就越差。为了检验判断矩阵是否具有满意的一致性，需要将 CI 与平均一致性指标 RI（Random Index）进行比较。查找相应的平均随机一致性指标：RI 对 n = 1，2，3，…，9，RI 的数值如表 5.13 所示。计算一致性比例（率）：CR = CI/RI，当 CR<0.10 时，认为判断矩阵的一致性是可以接受的，否则应对判断矩阵做适当修正（0.1 的选取是有一定主观信度的）。

表 5.13　平均随机一致性指标

n	1	2	3	4	5	6	7	8	9
RI	0	0	0.58	0.90	1.12	1.24	1.32	1.41	1.45

本书中 CI = (8.63 − 8)/(8 − 1) = 0.09，当 n = 8 时，根据表 5.13 查得 RI 为 1.41，CR = CI/RI = 0.09/1.41 = 0.06。当 CR = 0.06<0.10 时，认为判断矩阵的一致性是可以接受的。

4. 结果分析

通过对表 5.12 数据的分析可知：对于直销系统组织发展而言，忠诚度重要性最高，使命感次之，团队文化第三，团队凝聚力第四，团队建设第五，团队发展力第六。

任何一个直销系统都是由其母系统及其所在公司孕育而生的，是带有其母系统及其所在公司基因的组织。一个直销系统只有忠诚于其母系统及所属的直销公司，才有存在的意义，才能被称为直销系统。这里的忠诚包括直销系统的运作理念、价值观、文化及规则都与其母系统及所属公司保持高度一致，不说对母系统及所属公司不利的话，不做对母系统及所属公司不利的事。

每一个直销商都处在某一个直销系统里，对这个系统充满了依赖，寄托了很大的希望，成就每一位系统成员的梦想是直销系统组织发展的重要目标和使命感。直销系统作为一个社会组织，承担社会责任是它应尽的义务，在自我发展的同时为社会创造价值，才能获得社会的认同，才能更好地发展。

团队文化是直销系统制订发展战略的底层逻辑，它确定直销系统的属性，也描绘直销系统发展的愿景，明确解释了直销系统是什么，将向何处发展的问题，是一个直销系统的软实力。

团队凝聚力是团队良好人文环境的集中体现，是团队成员能够相互帮助、相互支持地按照团队建设计划好的方向落实的保证。拥有好的模式、好的分工和好的计划，还需要成员凝心聚力才能获得最终的成功。

团队建设是团队文化落实的途径，从模式、分工、计划等方面给团队提供了根本框架，确定了基本格局，是团队文化能够落实的基础硬件及软件设施。团队建设最重要的是人才的筛选与培养。

直销系统组织发展的一个重要标志就是考量它能否可持续发展，一个组织只有无论做任何事情都会既考虑当前利益，又为未来发展留有空间，才会有持续发展力。完善的教育培训体系，合理的人才结构，稳定的消费者群体都是直销系统组织发展力的具体体现。

总之，忠诚度是直销系统的根本，使命感是直销系统存在的价值，团队文化是直销系统的根本战略，团队凝聚力是直销系统按照计划发展的保证，团队建设是直销系统的根本框架，团队发展力是直销系统保持稳健发展的重要保证，它们对直销系统的组织发展而言都是必不可少的重要因素。

5.2.4 直销系统组织发展综合指标

根据直销系统组织发展六大核心要素忠诚度（X1）、使命感（X2）、团队文化（X3）、团队凝聚力（X4）、团队建设（X5）、团队发展力（X6）及各个核心要素的权重（见表 5.12），构建出直销系统组织发展综合指标，本书将其命名为直销系统组织发展指标 Y：

$$Y = 0.26 X_1 + 0.20 X_2 + 0.19 X_3 + 0.14 X_4 + 0.13 X_5 + 0.08 X_6$$

Y 值越大，表示直销系统组织综合发展越好。

5.3 直销系统领导特质对组织发展的影响分析

5.3.1 自变量选取及基本描述

国内外有关领导者特质及组织发展的相关研究结果表明，领导者特质是影响组织发展的一个非常重要的因素，但关于领导特质的分类则是众说纷纭。本书采用 DISC 理论中的分类方法，将直销系统领导者特质分为 D、I、S、C 四种类型。

D 型领导者特质为高支配力型特质。具有 D 型特质的领导者有魄力，有驱动力，有创新力，有远见常识，具有铁腕手段和目空一切的赢家心态，做事以结果为导向，雷厉风行，快速高效，不屈不挠，越挫越勇。但缺少亲和力，性格比较急，脾气大，总批评不赞美，刚愎自用，不善于倾听，往往先行动后计划。

I 型领导者特质为高影响力型特质。具有 I 型特质的领导者属于自来熟，富有人格魅力，有激情感染力，乐于沟通富有同情心，乐观向上，能放下身段，民主平等，群策群力，善于激励下属，有幽默感，情商高。但有时会盲目乐观，太容易承诺，摇摆不定，时间管理差，没有计划性，不注重细节。

S 型领导者特质为高稳定性特质。具有 S 型特质的领导者亲和力强，富有同情心，有毅力，善于倾听，谦虚低调执着，注重团队服务，包容心强，支持他人，协调能力强，会授权给下属；但常常优柔果断，不愿交流，安于现状，不思变革，容易满足，不会拒绝，固执倔强。

C 型领导者特质为高遵从性特质。具有 C 型特质的领导者执行力强，坚持原则，恪守纪律，注重细节，精益求精，以身作则，勇于在下属面前承认错误，善于计划，时间观念强，事必躬亲；但容易吹毛求疵，过于教条，不随机应变，疑神疑鬼，导致团队成员各自为战，往往不能很好地掌控团队。

5.3.2 领导者特质对组织发展各核心要素的影响

1. 研究假设

直销系统是一个多元化的组织，其组织成员来自不同的社会阶层，个人综合素质参差不齐，文化差异也比较大，他们除了有比较一致的目标外，其他方面的共同点都比较少。对于直销系统的组织发展来说，不存在哪一种领导者特质具有绝对的优势，在组织发展的某些方面，领导者的某个特质的优势只是会相对强一点而已。

前面的研究分析结果表明，D 型特质的领导者以任务为导向，态度强势，具有工作效率高，有能力带领团队走向成功的优势。缺点是亲和力不强，常被误认为是霸道且无理的，对组织发展会有一定的不利。结合以上 D 型特质领导者的分析及研究者以往的管理经验，提出以下假设：

假设 1：直销系统领导者的 D 型特质对直销系统组织发展的核心要素"使命感"及"团队绩效"具有相对的优势。

I 型特质领导者比较富有人格魅力及感染力，有能力使领团队焕发勃勃生机。但由于过于希望得到别人的认可和喜欢而不太受欢迎；S 型特质领导者富有同情心，善解人意具有较强的亲和力，但比较容易安于现状使组织缺乏活力。结合以上 I 型、S 型特质领导者的分析及研究者以往的管理经验，提出以下假设：

假设 2：直销系统领导者的 I 型和 S 型特质对直销系统组织发展的核心要素"团队文化""团队凝聚力"具有相对的优势。

C 型特质领导者拥有强大的行动力和执行力，做事身先士卒，以身作则，精益求精，但过分追求完美容易让组织成员感到有压力。结合以上 C 型特质领导者的分析及研究者的管理经验，提出以下假设：

假设 3：直销系统领导者的 C 型特质对直销系统组织发展的核心要素"忠诚度""团队建设""团队发展力"及"组织绩效"具有相对的优势。

2. 研究思路及方法

本书将直销系统领导者的特质按 D、I、S、C 四种特质进行分类，通过问卷调查，分析不同领导者特质对直销系统组织发展各核心要素的优势比较，并在此基础上，建立直销系统领导者特质对直销系统组织发展的影响分析模型（见图 5.2）。

本章第 5.1 节通过设计量表、测量及因子分析提取了六个直销系统组织发展的核心构成要素，从多个方面反映了组织的发展状况。本书将分别以六个组织发展的核心要素即"忠诚度""使命感""团队文化""团队凝聚力""团队建设""团队发展力"为目标，运用层次分析法对四种不同领导者特质的优势进行比较分析，再结合第 5.1 节中所求得的各核心要素的权重，计算出四种类型领导者特质对整个组织发展潜力的影响权重，从而建立直销系统领导者特质对系统组织发展的影响模型。

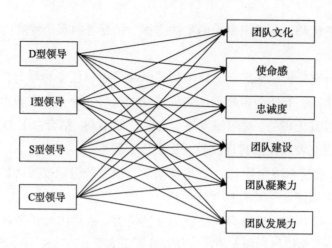

图 5.2 直销系统领导者特质对直销系统组织发展的影响分析模型

3. 问卷设计与发放

问卷分别以组织发展六个核心要素及团队绩效为目标,要求被测试者对直销系统领导者四种特质 D、I、S、C 两两进行优势比较。为确保被测试者填写数据的准确性,问卷中提示他们在进行两两比较时,先将认为相对不具优势的那种特质类型的值确定为 1,并写在相应的位置上,强调前后有区别,再确定另一特质类型的得分。例如,C 型和 D 型相比有两种可能的结果:

【C 型,D 型】= 【1, N】,表示 D 型比 C 型更具优势

【C 型,D 型】= 【N, 1】,表示 C 型比 D 型更具优势

N 的大小表示优势的程度不同:$N = 1$ 表示同等优势,$N = 3$ 表示稍微优势,$N = 5$ 表示明显优势,$N = 7$ 表示强烈优势,$N = 9$ 表示极端优势,如果优势介于以上两相邻判断的中间,N 可选 2、4、6、8。

为确保问卷填写质量,被测试者选择资深的直销系统领导者及公司直销系统管理者。共发放问卷 20 份,最终回收调查问卷 16 份,其中有效问卷 13 份,作为本书分析的数据。

4. 研究结果及分析

1)不同直销系统领导者特质对忠诚度的影响分析

对收集到的 13 份有效问卷,先确定出每份问卷的判断矩阵,再将 13 个判断矩阵各元素进行平均,即得到以直销系统组织"忠诚度"为目标的直销系统领导者特质优势评估的判断矩阵(见表 5.14)。

表 5.14　以"忠诚度"为目标的领导者类型优势判断矩阵

	D 型	I 型	S 型	C 型
D 型	1	1	1	1/2
I 型	1	1	1	1/2
S 型	1	1	1	1
C 型	2	2	1	1

再借助云算网的矩阵计算工具求出判断矩阵的最大特征值为 4.0606。进一步求出最大特征值所对应的特征向量，也称为最大特征向量，并对最大特征向量进行归一化处理，即得到四种直销系统领导特质以直销系统组织"忠诚度"为目标的优势比较结果（见表 5.15）。

表 5.15　以"忠诚度"为目标的领导者类型优势判断矩阵的特征向量

领导者类型	判断矩阵最大特征值所对应的特征向量	归一化的特征向量
D 型	0.3965	0.2015
I 型	0.3965	0.2015
S 型	0.4796	0.2539
C 型	0.6749	0.3430

判断矩阵的一致性检验指标 $CI = 0.0202$，$CR = 0.022 < 0.1$，说明判断矩阵具有整体一致性。

通过对表 5.15 数据的分析可知，C 型直销系统领导者特质对直销系统建设忠诚度最为重要，S 型直销系统领导者特质对直销系统建设忠诚度次重要，D 型直销系统领导者特质和 I 型直销系统领导者特质对直销系统忠诚度建设相对不重要。

直销系统忠诚度是直销系统成员对直销系统所表现出来的行为指向和心理归属，即直销系统成员对所在的直销系统尽心竭力的奉献程度。具有 C 型特质的直销系统领导者由于其超强的执行力，天然具备对组织的忠诚度，他们愿意多做少说，这是直销系统建设团队忠诚度不可或缺的元素。具有 S 型特质的直销系统领导者喜欢在稳定的环境中工作，不愿意轻易做出改变，客观上也形成了对直销系统较强的依赖度和忠诚度。而具有 D 型特质的直销系统领导者由于相信自己的能力，具有 I 型特质的直销系统领导者相信自己的魅力，常常会将自己凌驾于团队之上，这非常不利于直销系统团队的忠诚度的建设。假设 3 得到验证。

2）不同直销系统领导者特质对使命感的影响分析

对收集到的 13 份有效问卷，先确定出每份问卷的判断矩阵，再将 13 个判断矩阵各元素进行平均，即得到以直销系统组织"使命感"为目标的直销系统领导者特质优势评估的判断矩阵（见表 5.16）。

表 5.16　以"使命感"为目标的领导者类型优势判断矩阵

	D 型	I 型	S 型	C 型
D 型	1	2	2	1
I 型	1/2	1	1	1/2
S 型	1/2	1	1	1
C 型	1	2	1	1

再借助云算网的矩阵计算工具求出判断矩阵的最大特征值为 4.0606。进一步求出最大特征值所对应的特征向量，并对最大特征向量进行归一化处理，即得到四种直销系统领导特质以直销系统组织"团队使命感"为目标的优势比较结果（见表 5.17）。

表 5.17　以"使命感"为目标的领导者类型优势判断矩阵的特征向量

领导者类型	判断矩阵最大特征值所对应的特征向量	归一化的特征向量
D 型	0.6537	0.3383
I 型	0.3269	0.1692
S 型	0.3954	0.2046
C 型	0.5563	0.2879

判断矩阵的一致性检验指标 $CI = 0.0202$，$CR = 0.022 < 0.1$，说明判断矩阵具有整体一致性。

通过对表 5.17 中数据的分析可知，D 型直销系统领导者特质对直销系统团队使命感的建立更为有利，I 型直销系统领导者特质对直销团队使命感建设最不利，S 型直销系统领导者特质和 C 型直销系统领导者特质的作用位于中间，且 S 型直销系统领导者特质的作用较 C 型直销系统领导者特质稍弱。

直销系统使命感是直销系统成员对社会、对时代及国家赋予的使命的一种感知和认同。在直销系统使命感的建设过程中，具有 D 型特质的直销系统领导者会由于其强大的责任意识，对崇高理想的追求及其自身对使命感的认同，很大程度上带动其他团队成员萌生对使命感的思索，激发团队成员的责任意识，这点对使命感的建立起着决定性的作用,因此 D 型直销系统领导者特质是直销系统使命感建设方面所需要的最重要的特质。相反,具有 I 型特质的直销系统领导者经常强调其个人的魅力,对人、对事经常采取温和的态度,这种温和的态度不利于团队形成统一的强有力的社会责任共识。具有 S 型特质的直销系统领导者对团队的使命以遵守为主,但并不强求,这对直销系统建立使命感的积极作用和消极作用都不明显。具有 C 型特质的直销系统领导者会严格按照规定进行活动,这对使命感的落实至关重要,对直销系统的使命感建设起着积极作用。假设 1 得到验证。

3)不同直销系统领导者特质对团队文化的影响分析

对收集到的 13 份有效问卷,先确定出每份问卷的判断矩阵,再将 13 个判断矩阵各元素进行平均,即得到以直销系统组织"团队文化"为目标的直销系统领导者特质优势评估的判断矩阵(见表 5.18)。

表 5.18 以"团队文化"为目标的领导者类型优势判断矩阵

	D 型	I 型	S 型	C 型
D 型	1	1/3	1/2	1
I 型	3	1	2	1
S 型	2	1/2	1	1
C 型	1	1	1	1

再借助云算网的矩阵计算工具求出判断矩阵的最大特征值为 4.1431。进一步求出最大特征值所对应的特征向量,并对最大特征向量进行归一化处理,即得到四种直销系统领导特质以直销系统组织"团队文化"为目标的优势比较结果(见表 5.19)。

表 5.19 以"团队文化"为目标的领导者类型优势判断矩阵的特征向量

领导者类型	判断矩阵最大特征值所对应的特征向量	归一化的特征向量
D 型	0.2927	0.1542
I 型	0.7095	0.3737
S 型	0.4457	0.2348
C 型	0.4607	0.2374

判断矩阵的一致性检验指标 $CI = 0.0477$,$CR = 0.053 < 0.1$,说明判断矩阵具有整体一致性。

通过对表 5.19 数据的分析可知，I 型直销系统领导者特质对直销系统文化建设更为有利，D 型直销系统领导者特质对直销系统文化建设最不利，S 型直销系统领导者特质和 C 型直销系统领导者特质的作用位于中间，且重要程度相似。

直销系统文化是直销系统团队成员在相互合作的过程中，为实现各自的人生价值，并为完成团队共同目标而形成的一种潜意识文化。在直销系统文化建设的过程中，具有 I 型特质的直销系统领导者可以用其个人魅力，将团队成员凝聚在身边，形成合力，使团队成员为统一的愿景而奋斗。I 型直销系统领导者特质直接关系着直销系统成员是否心甘情愿地将个体组成团队，因此 I 型直销系统领导者特质是直销系统文化建设方面所需最重要的特质。具有 D 型特质的直销系统领导者会由于其强势的态度，对自己及他人苛刻的要求，而过分重视个人的价值，忽视团队的作用，这点在直销系统文化建设过程中是极为不利的。具有 S 型特质的直销系统领导者喜欢稳定，具有协调能力，能够促进团队的和谐稳定，对文化建设具有正向促进作用。C 型特质直销系统领导者具有超强的执行力，能够按照既定的战略严格执行，对直销系统文化的执行起着关键作用，对直销系统文化同样起着正向的促进作用。假设 2 得到验证。

4）不同直销系统领导者特质对团队凝聚力的影响分析

对收集到的 13 份有效问卷，先确定出每份问卷的判断矩阵，再将 13 个判断矩阵各元素进行平均，即得到以直销系统组织"团队凝聚力"为目标的直销系统领导者特质优势评估的判断矩阵（见表 5.20）。

表 5.20 以"团队凝聚力"为目标的领导者类型优势判断矩阵

	D 型	I 型	S 型	C 型
D 型	1	1/3	1/2	1
I 型	3	1	1	3
S 型	2	1	1	2
C 型	1	1/3	1/2	1

再借助云算网的矩阵计算工具求出判断矩阵的最大特征值为 4.0206。进一步求出最大特征值所对应的特征向量，并对最大特征向量进行归一化处理，即得到四种直销系统领导特质以直销系统组织"团队凝聚力"为目标的优势比较结果（见表 5.21）。

表 5.21 以"团队凝聚力"为目标的领导者类型优势判断矩阵的特征向量

领导者类型	判断矩阵最大特征值所对应的特征向量	归一化的特征向量
D 型	0.2638	0.1439
I 型	0.7184	0.3919
S 型	0.5872	0.3203
C 型	0.2638	0.1439

判断矩阵的一致性检验指标 CI = 0.0069，CR = 0.0229 < 0.1，说明判断矩阵具有整体一致性。

通过对表 5.21 数据的分析可知，I 型、S 型直销系统领导者特质对直销系统团队凝聚力起着正向促进作用，D 型、C 型直销系统领导者特质则在不同程度上对直销系统凝聚力起着方向作用。

直销系统凝聚力是直销系统对成员的吸引力，成员对团队的向心力及团队成员之间的相互吸引力，这种凝聚力是使团体成员停留在团体内的合力，也是一种人际吸引力。具有 I 型特质的直销系统领导者具有天生的凝聚团队的魅力，具有 S 型特质的直销系统领导者天生喜欢稳定的环境，喜欢与人为善，这都是促进直销系统形成团队凝聚力的先天优势。而具有 D 型特质的直销系统领导者则不断强调进步，对别人赞美少批评多，具有 C 型特质的直销系统领导者只关注眼前的工作，对其他的事情关心甚少，这都是不利于打造直销系统凝聚力的因素。假设 2 得到验证。

5）不同直销系统领导者特质对团队建设的影响分析

对收集到的 13 份有效问卷，先确定出每份问卷的判断矩阵，再将 13 个判断矩阵各元素进行平均，即得到以直销系统组织"团队建设"为目标的直销系统领导者特质优势评估的判断矩阵（见表 5.22）。

表 5.22 以"团队建设"为目标的领导者类型优势判断矩阵

	D 型	I 型	S 型	C 型
D 型	1	1	1	1/2
I 型	1	1	1/2	1
S 型	1	2	1	1/2
C 型	2	1	2	1

再借助云算网的矩阵计算工具求出判断矩阵的最大特征值为 4.1855。进一

步求出最大特征值所对应的特征向量,并对最大特征向量进行归一化处理,即得到四种直销系统领导特质以直销系统组织"团队建设"为目标的优势比较结果(见表 5.23)。

表 5.23　以"团队建设"为目标的领导者类型优势判断矩阵的特征向量

领导者类型	判断矩阵最大特征值所对应的特征向量	归一化的特征向量
D 型	−0.3851	0.1975
I 型	−0.4078	0.2091
S 型	−0.4825	0.2474
C 型	−0.6727	0.3460

判断矩阵的一致性检验指标 $CI = 0.0618$,$CR = 0.069 < 0.1$,说明判断矩阵具有整体一致性。

通过对表 5.23 数据的分析可知,C 型直销系统领导者特质对直销系统团队建设更为有利,D 型直销系统领导者特质对直销系统文化建设最不利,I 型直销系统领导者特质和 S 型直销系统领导者特质的作用位于中间,且 S 型直销系统领导者特质相对更重要。

直销系统团队建设是指为了实现直销系统绩效及产出最大化而进行的一系列结构设计及直销系统成员激励等团队优化行为。团队建设的重点在于执行落实,因此具有 C 型特质的直销系统领导者在直销系统团队建设中充当了绝对的核心,其重要程度明显大于其他三种特质类型直销系统领导者。相反,具有 D 型特质的直销系统领导者更喜欢创新,不断追求进步,会导致团队的方向频繁变化,团队规则没有固定规范,十分不利于直销系统的团队建设。具有 I 型特质的直销系统领导者在团队中能起到凝聚团队的作用,因此对直销系统团队建设也能起到一定的正向促进作用。具有 S 型特质的直销系统领导者喜欢稳定的环境,他们是最渴望直销系统能够成功做好团队建设的群体,这样他们可以在较为稳定的环境中开展工作,因此他们对团队建设有更强的正向促进作用。假设 3 得到验证。

6)不同直销系统领导者特质对团队发展力的影响分析

对收集到的 13 份有效问卷,先确定出每份问卷的判断矩阵,再将 13 个判断矩阵各元素进行平均,即得到以直销系统组织"团队发展力"为目标的直销系统领导者特质优势评估的判断矩阵(见表 5.24)。

表 5.24 以"团队发展力"为目标的领导者类型优势判断矩阵

	D 型	I 型	S 型	C 型
D 型	1	1	1	1/3
I 型	1	1	2	1/2
S 型	1	1/2	1	1/3
C 型	3	2	3	1

再借助云算网的矩阵计算工具求出判断矩阵的最大特征值为 4.0458。进一步求出最大特征值所对应的特征向量，并对最大特征向量进行归一化处理，即得到四种直销系统领导特质以直销系统组织"团队发展力"为目标的优势比较结果（见表 5.25）。

表 5.25 以"团队发展力"为目标的领导者类型优势判断矩阵的特征向量

领导者类型	判断矩阵最大特征值所对应的特征向量	归一化的特征向量
D 型	0.3073	0.1716
I 型	0.4048	0.2260
S 型	0.2573	0.1436
C 型	0.8219	0.4588

判断矩阵的一致性检验指标 $CI = 0.0152$，$CR = 0.017 < 0.1$，说明判断矩阵具有整体一致性。

通过对表 5.25 数据的分析可知，C 型直销系统领导者特质是团队发展的中心力量，I 型直销系统领导者特质对系统的可持续发展有一定的正向促进作用，D 型、S 型直销系统领导者特质对直销系统的可持续发展相对不利。

直销系统发展能力是指直销系统在追求长久生存与永续发展的过程中，既能实现经营目标、确保市场地位，又能在已经领先的竞争领域和未来的扩展经营环境中保持优势、持续盈利，并在相当长的时间内稳健成长的能力。直销系统可持续发展能力的重点在执行，即简单、听话、照着做，这正是具有 C 型特质的直销系统领导者所喜欢的，因此具有 C 型直销系统特质的领导者对直销系统可持续发展的贡献是其他三种特质直销系统领导所不具备的。具有 I 型特质的直销系统领导者的魅力在于能够凝聚人心，同样对直销系统的可持续发展起到正向促进作用。具有 D 型特质的领导者喜欢求变，求进步，有时甚至追求目标而忽略别人感受，过于强势，有时会激起系统成员的不满情绪，对直销系统组织的持续发展造成不利影响。具有 S 型特质的直销系统领导者喜欢安逸，不求变化的特点也不利于直销系统的可持续发展。假设3得到验证。

7）不同直销系统领导者特质对团队绩效的影响分析

对收集到的13份有效问卷，先确定出每份问卷的判断矩阵，再将13个判断矩阵各元素进行平均，即得到以直销系统组织"团队绩效"为目标的直销系统领导者特质优势评估的判断矩阵（见表5.26）。

表5.26 以"团队绩效"为目标的领导者类型优势判断矩阵

	D型	I型	S型	C型
D型	1	3	3	1/2
I型	1/3	1	2	1/2
S型	1/3	1/2	1	1/3
C型	2	2	3	1

再借助云算网的矩阵计算工具求出判断矩阵的最大特征值为4.1431。进一步求出最大特征值所对应的特征向量，并对最大特征向量进行归一化处理，即得到四种直销系统领导特质以直销系统组织"团队绩效"为目标的优势比较结果（见表5.27）。

表5.27 以"团队绩效"为目标的领导者类型优势判断矩阵的特征向量

领导者类型	判断矩阵最大特征值所对应的特征向量	归一化的特征向量
D型	0.5790	0.3219
I型	0.2973	0.1653
S型	0.1867	0.1038
C型	0.7358	0.4091

判断矩阵的一致性检验指标 $CI = 0.0477$，$CR = 0.053 < 0.1$，说明判断矩阵具有整体一致性。

通过对表5.27数据的分析可知，C型、D型直销系统领导者特质对提升直销系统团队业绩起着绝对重要的作用，I型、S型直销系统领导者特质对提升直销系统团队业绩的作用并不明显。

直销系统团队业绩是直销系统成员在一定时间内开展工作获得的收益总和。具有C型、D型特质的直销系统领导者倾向以结果为导向，善于计划，并且有魄力，执行力强，有利于提升直销系统团队业绩。I型、S型特质直销系统领导者更注重和谐、稳定的工作氛围，较少对系统成员提出硬性的业绩要求，对目标的渴望并不十分强烈，这显然对提升直销系统团队业绩的影响不大。假设 1 和假设 3 得到验证。

5.4 直销系统领导者特质对组织发展的影响模型

综合第 5.3 节的分析结果，得出各类型直销系统领导者特质相对直销系统组织发展各核心构成要素的影响指标，具体如表 5.28 所示。

表 5.28 直销系统领导者特质系数指数表

领导者特质	忠诚度	使命感	团队文化	团队凝聚力	团队建设	团队发展力
D 型	0.2015	0.3383	0.1542	0.1439	0.1975	0.1716
I 型	0.2015	0.1692	0.3737	0.3919	0.2091	0.2260
S 型	0.2539	0.2046	0.2348	0.3203	0.2474	0.1436
C 型	0.3430	0.2879	0.2374	0.1439	0.3460	0.4588

再以组织发展各核心要素指标的权重（见表 5.12）对表 5.28 各行数据进行加权平均，得出直销系统领导者特质对组织发展指数即直销系统组织综合发展指标的优势分析（见表 5.29），优势度依次为 D 型、S 型、C 型、I 型。

表 5.29 直销系统领导者特质对组织发展指数的重要性权重

	D	I	S	C
权重	0.2089	0.2574	0.2400	0.2937

综合结果表明，没有一种特质在组织发展的各要素上都独具优势。特质 D 型领导者属于强势、支配型领导，在带领团队完成组织使命方面最具优势；魅力型 I 型特质领导者靠人格和激情影响组织成员，最有利于团队文化建设和提升团队凝聚力；S 型领导者属于支持型，注重为团队提供服务，对于提升"团队凝聚力"较为有利；C 型领导者谨慎尽责，善于计划，执行力强，在培养"忠诚度"、促进"团队建设"及提升"团队发展力"方面都最具优势。而这进一步印证了"没有完美的个人，只有完美的团队"（R.Meredith Belbin，2017；崔建中，2010）。

苏坤树等人（2005）认为不同团队的差异其实表现在执行力上，执行力是团队的核心竞争力，执行力的提升势必带动团队综合竞争水平的提高。从四种特质类型对直销系统组织发展指数的重要性比较结果（见表 5.29）来看：C 型直销系统领导者特质对组织综合发展的影响最大，相比其他特质更具有优势，应该与 C 型特质领导者"执行力强"有很大关系；D 型直销系统领导者特质对组织综合发展的影响优势相对最低。这一结果与研究者及很多业内管理者之前的预想存在较大的差异。以前认为 D 型直销系统领导者特质对组织发展应该更有优势，但结果却截然相反，说明直销系统组织作为自组织与其他组织的发展是不同的，它需要的不是强势，不是领导，而是高瞻远瞩、以身作则，是引领，是带动。

5.5 本章小结

本章在第 4 章分析的基础上，首先对构成组织发展的初选因素进行主成分分析，提炼出构成组织发展的核心要素，将其分别命名为团队文化、使命感、忠诚度、团队建设、团队凝聚力和团队发展力。然后用层次分析法对各核心要素的重要性进行评估，得出各核心要素的权重，并以此构建出评价直销系统组织发展的综合指标，本书称其为组织发展指数。根据直销系统组织发展各核心要素的权重（见表 5-12），得出 Y 的公式如下。

$$Y = 0.26 X_1 + 0.20 X_2 + 0.19 X_3 + 0.14 X_4 + 0.13 X_5 + 0.08 X_6$$

Y 值越大，表示直销系统组织综合发展越好。其中 X_1 表示忠诚度，X_2 表示使命感，X_3 表示团队文化，X_4 表示团队凝聚力，X_5 表示团队建设，X_6 表示团队发展力。

忠诚度是直销系统的根本，使命感是直销系统存在的价值，文化是直销系统的根本战略，凝聚力是直销系统按照计划发展的保证，它们都属于理念子系统，对组织发展具有决定性作用；团队建设是直销系统的根本框架，发展力是直销系统保持稳健发展的重要保证，它们对直销系统的组织发展都是必不可少的重要因素。

本章还在分析领导者四种不同特质的基础上，结合研究者多年的行业管理经验，对直销系统领导者的不同特质对于直销系统组织发展的各核心要素的相对优势力的强弱提出相应的假设，并通过问卷调查对所提假设进行验证。

对收集到的 13 份有效问卷，先确定出每份问卷的判断矩阵，再将 13 个判断矩阵各元素进行平均，即得到分别以直销系统组织忠诚度、使命感、团队文化、团队凝聚力、团队建设、团队发展力和团队绩效为目标的直销系统领导者特质优势评估的判断矩阵，再借助云算网的矩阵计算工具求出判断矩阵的最大特征值。进一步求出最大特征值所对应的特征向量，并对最大特征向量进行归一化处理，即得到四种直销系统领导特质对各目标的优势对比结果（见表 5.30）。结果表明，没有一种特质在组织发展的各要素上都独具优势：特质 D 型领导者属于强势、支配型领导，在带领团队完成组织使命方面最具优势；魅力型 I 型特质领导者靠人格和激情影响组织成员，最有利于团队文化建设和提升团队凝聚力；S 型领导者属于支持型，注重为团队提供服务，对于提升"团队凝聚力"较为有利；C 型领导者谨慎尽责，善于计划，执行力强，在培养"忠诚度"、促进"团队建设"及提升"团队发展力"方面最具优势。而这进一步印证了梅雷迪思·贝尔宾（Meredith Belbin）关于组织发展的基本论断"没有完美的个人，只有完美的团队"（R. Meredith Belbin，2017；崔建中，2010）。

表 5.30　直销系统领导者特质系数指数表

目标	D 型	I 型	S 型	C 型	优势比较
忠诚度	0.2015	0.2015	0.2539	0.3430	C > S > D = I
使命感	0.3383	0.1692	0.2046	0.2879	D > C > S > I
团队文化	0.1542	0.3737	0.2348	0.2374	I > C > S > D
团队凝聚力	0.1439	0.3919	0.3203	0.1439	I > S > D = C
团队建设	0.1975	0.2091	0.2474	0.3460	C > S > I > D
团队发展力	0.1716	0.2260	0.1436	0.4588	C > I > D > S
组织绩效	0.3219	0.1653	0.1038	0.4091	C > D > I > S

注：表中的">"表示左边比右边的类型更具优势，"="表示两边的优势相同。

再结合组织发展各核心要素指标的权重（见表 5.12）对表 5.30 各行数据进行加权平均，得出直销系统领导者特质对组织发展指数的优势对比（见表 5.31）。

表 5.31　直销系统领导者特质对组织发展指数的重要性权重

	D	I	S	C
权重	0.2089	0.2574	0.2400	0.2937

组织发展指数是一个反映直销系统组织发展的综合指标。表 5.31 的结果表明：C 型领导者特质对直销系统组织综合发展的影响最大，相比其他特质类型更具优势，这应该与 C 型特质领导者"执行力强"有很大关系；而 D 型直销系统领导者特质对直销系统组织综合发展的影响优势相对最低。这一结果与研究者及很多业内管理者之前的预想存在较大的差异。以前认为 D 型直销系统领导者特质对组织发展应该更有优势，但结果截然相反，说明直销系统组织作为自组织与其他组织的发展是不同的，它需要的不是强势，不是领导，而是系统领导者的高瞻远瞩和以身作则，是引领，是带动。

第 6 章

直销系统领导者特质对组织发展的影响实证分析

本书的实证研究选取直销企业 JK 公司所属的直销系统进行领导者特质及直销系统组织发展的相关数据作为分析对象。

首先,在 JK 公司里选取直销系统领导者作为测评对象,要求参与测评的系统领导者按照 DISC 测评要求填写相关测评问卷,以对他们的特质进行测评,再根据调查问卷分析得出每一位领导者对应的特质类型。其次,邀请每一位参加测评的系统领导者的上一级领导者,以及所属片区的公司副总经理、区域经理对该领导者的直销系统的组织发展情况按照第 5 章所确定的六个核心指标进行评分,再计算出每一位直销系统领导者的直销系统组织发展指数。最后,对选出的直销系统领导者在 2017 年、2018 年相应系统的营业额数据进行整理,与之前的系统组织发展指数一起作为因变量,分析系统领导者特质对它们的影响。这里之所以选择 2017 年和 2018 年的业绩数据,而不是选择最近年份的,主要是考虑到 2019 年"权健事件"及之后的新冠疫情都属于突发事件,而且对直销行业的影响都比较大,所以选取外部环境相对正常和稳定的 2017 年和 2018 年的数据作为分析对象。

6.1 直销系统领导者特质测评

6.1.1 测评前的准备工作

1. 明确直销系统领导者特质测评的目的

确定以直销系统领导者特质为基础的直销系统组织建设,以组织发展为测评目标,根据 JK 公司在全国各地的直销系统组织发展与团队领导者的特质测评，得出关于领导者特质对组织发展的影响的实证模型。

2. 确定直销系统领导者特质调查问卷对象

调查问卷的对象是 JK 公司所属的直销系统领导者，按照级别划分，但每个系统的最高领导者不作为本次问卷的调查对象，其特质问卷全部由各个系统的同一级别的系统领导者测试。

6.1.2 直销系统领导者特质问卷调查

首先，确定 JK 直销企业各区域直销系统领导者特质测试问卷调查基本流程，详见图 6.1。

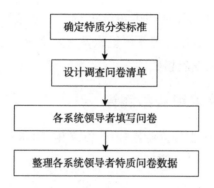

图 6.1 直销系统领导者特质分析问卷流程图

其次，开展 JK 公司各系统领导者特质问卷收集。调研问卷参照 DISC 相关测评题目，再结合直销系统领导者特质分析进行设计，共 33 道题，其中前 32 道题属于直销系统领导者特质测评题，最后 1 道题属于直销系统领导者信息收集题。

本次问卷调查总计发送问卷 40 份，实际回收 36 份，有效问卷 31 份。

6.1.3 各直销系统领导者特质汇总

根据调查问卷，得出 31 个直销系统领导者的特质分析（见表 6.1）。

表 6.1 各直销系统领导者特质数据

系统	领导者特质	系统	领导者特质	系统	领导者特质	系统	领导者特质
1	C	4	D	7	S	10	D
2	C	5	C	8	I	11	D
3	D	6	S	9	D	12	D

续表

系统	领导者特质	系统	领导者特质	系统	领导者特质	系统	领导者特质
13	I	18	S	23	D	28	D
14	D	19	S	24	S	29	D
15	D	20	D	25	D	30	S
16	S	21	D	26	S	31	D
17	S	22	D	27	S		

6.2 各直销系统组织发展测评

直销系统组织发展测评从两个角度进行：一是考察各直销系统的组织业绩，主要是营业额；二是对直销系统组织发展六个核心构成要素进行测评，进而求出各直销系统组织发展指数。

6.2.1 各直销系统组织业绩测评

将31个系统的主营业务营业额按照2017年、2018年两年的数据进行统计。由于各系统的营业额数据等信息涉及企业内部机密，这里只将其作为分析依据，原始数据不予体现。

6.2.2 各直销系统组织发展核心要素测评

对于每一个直销系统，选取其上一级系统领导人，以及所属片区的公司区域经理、所属片区的公司副总等对该系统组织发展情况较为了解的人员，对该系统组织发展的六个核心要素即团队文化、使命感、忠诚度、团队建设、团队凝聚力和团队发展力分别进行评分。分值从1到5，认为系统在该要素项目表现非常好评5分，比较好评4分，一般评3分，不太好评2分，非常不好评1分。调查问卷总计发放144份，实际回收131份。

对于每一个被测评的直销系统，要求至少有三位及以上相关人员对该直销系统组织发展的六个核心要素进行评分。被测试的直销系统组织发展的每一个核心要素最后的得分是所有参与评价的评分的平均值。最后得到所有被测试直销系统在组织发展六个核心要素方面的得分（见表6.2）。对于每一个系统六个组织发展核心要素，再用表5.12中的权重进行加权平均，得到各被测试直销系统组织发展指数，列于表6.2最后一列。

表 6.2 JK 公司直销系统组织发展测评表

编号	忠诚度	使命感	团队文化	团队凝聚力	团队建设	团队发展力	组织发展指数
1	4.5	4	4.5	4.5	4.5	4.25	4.3800
2	4.63	4.5	4.38	4.13	4.75	4.63	4.5021
3	4.43	4.14	4.14	3.29	3.71	4	4.0293
4	4.29	4	4	4	4	3.71	4.0522
5	4	4	4	3.83	4.33	3.67	3.9927
6	4.5	4.5	4	4.5	4.5	5	4.4450
7	5	3.5	4	4	3.5	3.5	4.0550
8	5	4	4	3.5	3.5	3.5	4.0850
9	4.33	4	4	3.67	3.33	3.67	3.9261
10	4.38	4	3.88	3.88	4.13	3.88	4.0665
11	4.2	3.6	3.8	3.6	3.8	3.2	3.7880
12	3.67	3.67	3.67	2.67	3.33	3.33	3.4586
13	4.4	3.6	3.6	3.6	3.8	3.6	3.8340
14	3.75	3.75	3.5	2.75	2.75	3	3.3725
15	4.5	4	3.5	3.5	4	3.5	3.9250
16	4.5	3.5	3.5	3	3.5	3.5	3.6900
17	4.5	3.5	3.5	2.5	3.5	3.5	3.6200
18	4	3.5	3.5	3	3.5	3.5	3.5600
19	5	4	3.5	3	4	4	4.0250
20	3.83	3.5	3.33	2.83	3	2.83	3.3411
21	4.17	3.83	3.33	3.67	3.17	3.67	3.7024
22	4	3.67	3.33	2.67	2.33	2.67	3.2970
23	4	3.25	3.25	2.75	2	3	3.1925
24	4.5	3.75	3.25	4	4.5	3.75	3.9825
25	4.4	4.2	3.2	3.4	3.8	3.4	3.8340
26	3.5	3.5	3	2.5	3	3.5	3.2000
27	4	3.5	3	3	3	2	3.2800
28	4.5	3.5	3	2.5	2.5	2.5	3.3150
29	3.5	3.5	3	2.5	2.5	3	3.0950
30	3.17	3.17	2.5	2.5	2.83	2.83	2.8775
31	3	2.67	2.5	2.17	3	2.5	2.6828

6.3 直销系统领导者特质对直销系统组织业绩的影响分析

将不同直销系统领导者特质类型作为因子（自变量），各直销系统 2017 年和 2018 年业绩分别作为因变量，运用单因素分析方法分析直销系统领导者特质类型对直销系统业绩及组织发展指数的影响（表 6.3）。

表 6.3　2017 年不同领导者特质对直销系统组织业绩的方差分析表

	平方和	df	均方	F	显著性
组间	3079223811	3	1026407937	4.992	0.007
组内	5551220818	27	205600771		
总体	8630444629	30			

表 6.3 的分析结果表明，就 2017 年的数据而言，不同直销系统领导者特质的直销系统组织业绩之间存在极显著的差异，也就是说直销系统领导者特质对直销系统组织业绩有非常显著的影响。进一步多重比较分析结果发现，其实整体组织业绩的差异主要来自 C 型特质领导者与其他类型特质领导者组织业绩的不同，也就是说，C 型特质领导者的组织业绩与 I 型、D 型和 S 型特质领导者的组织业绩存在极显著的差异，而 I 型、S 型和 D 型特质领导者的组织业绩之间的差异均不明显（见表 6.4）。

表 6.5 是四种特质类型直销系统领导者 2017 年的组织业绩的均值分析表。由表可以看出：C 型特质直销系统领导者所带领的团队在组织业绩上的表现最突出；S 型特质领导者所带领的团队在直销系统组织业绩上的表现最不突出；

表 6.4　2017 年不同领导者特质对直销系统组织业绩的多重比较分析表

		均值差（I-J）	标准误	显著性	95%置信区间	
					下限	上限
C	D	31170.41667*	9021.28808	0.002	12660.2625	49680.5708
	I	29665.66667*	13089.46049	0.032	2808.3122	56523.0211
	S	36013.16667*	9438.94419	0.001	16646.0529	55380.2804
D	C	−31170.41667*	9021.28808	0.002	−49680.5708	−12660.2625
	I	−1504.75	10754.08916	0.89	−23570.3183	20560.8183
	S	4842.75	5780.14925	0.409	−7017.1366	16702.6366
I	C	−29665.66667*	13089.46049	0.032	−56523.0211	−2808.3122
	D	1504.75	10754.08916	0.89	−20560.8183	23570.3183
	S	6347.5	11106.77553	0.572	−16441.721	29136.721
S	C	−36013.16667*	9438.94419	0.001	−55380.2804	−16646.0529
	D	−4842.75	5780.14925	0.409	−16702.6366	7017.1366
	I	−6347.5	11106.77553	0.572	−29136.721	16441.721

注：*代表显著性。

D 型特质领导者和 I 型领导者所带领的团队在直销系统组织业绩上的表现居中,二者相比,I 型特质领导者在直销系统组织业绩上的表现比 D 型特质领导者稍好。这里的业绩排名结果(C 型>I 型>D 型>S 型)与第 5 章直销系统领导者特质对直销系统组织发展影响重要性排名(C 型>I 型>S 型>D 型)基本一致。

表 6.5 2017 年不同领导者特质对直销系统组织业绩的均值分析表

	N	均值	标准差	标准误	均值的 95%置信区间		极小值	极大值
					下限	上限		
C	3	43526.6667	34770.55637	20074.79008	−42848.1837	129901.517	4453	71059
D	16	12356.25	12653.59874	3163.39969	5613.6232	19098.8768	1252	47506
I	2	13861	17864.34572	12632	−146643.7782	174365.7782	1229	26493
S	10	7513.5	6769.20619	2140.61095	2671.1016	12355.8984	375	20041
总体	31	13907.6452	16961.17589	3046.31712	7686.2356	20129.0547	375	71059

表 6.6 是被测试的 31 个直销系统 2018 年的系统组织业绩的方差分析表。结果表明,不同直销系统领导者特质的直销系统组织 2018 年的业绩之间也存在极显著的差异,也就是说直销系统领导者特质对直销系统组织业绩有非常显著的影响。

表 6.6 2018 年不同领导者特质对直销系统组织业绩的方差分析表

	平方和	df	均方	F	显著性
组间	993787466.9	3	331262489	4.209	0.014
组内	2125084285	27	78706825.37		
总体	3118871752	30			

进一步多重比较分析结果发现,与 2017 年分析结果类似,整体组织业绩的差异主要来自 C 型特质领导者与其他类型特质领导者组织业绩的不同。也就是说,C 型特质领导者的组织业绩与 I 型、D 型和 S 型特质领导者的组织业绩存在极显著的差异,而 I 型、S 型和 D 型特质领导者的组织业绩之间的差异均不明显(见表 6.7)。

表 6.7 2018 年不同领导者特质对直销系统组织业绩的多重比较分析表

		均值差 (I-J)	标准误	显著性	95%置信区间	
					下限	上限
C	D	17119.79167*	5581.64716	0.005	5667.1977	28572.3856
	I	16843.16667*	8098.70491	0.047	225.9968	33460.3365
	S	20633.36667*	5840.05916	0.002	8650.5551	32616.1783

续表

		均值差 (I-J)	标准误	显著性	95%置信区间	
					下限	上限
D	C	−17119.79167*	5581.64716	0.005	−28572.3856	−5667.1977
	I	−276.625	6653.76504	0.967	−13929.0232	13375.7732
	S	3513.575	3576.29125	0.335	−3824.3685	10851.5185
I	C	−16843.16667*	8098.70491	0.047	−33460.3365	−225.9968
	D	276.625	6653.76504	0.967	−13375.7732	13929.0232
	S	3790.2	6871.97899	0.586	−10309.9362	17890.3362
S	C	−20633.36667*	5840.05916	0.002	−32616.1783	−8650.5551
	D	−3513.575	3576.29125	0.335	−10851.5185	3824.3685
	I	−3790.2	6871.97899	0.586	−17890.3362	10309.9362

注：*代表显著性。

表6.8是四种特质类型直销系统领导者2018年的组织业绩的均值分析表。由表可以看出：C型特质直销系统领导者所带领的团队在组织业绩上的表现最为突出；S型特质领导者所带领的团队在直销系统组织业绩上的表现最不突出；D型特质领导者和I型特质领导者所带领的团队在直销系统组织业绩上的表现居中，二者相比，I型特质领导者在直销系统组织业绩上的表现比D型特质领导者稍好。

表6.8 2018年不同领导者特质对直销系统组织业绩的均值分析表

	N	均值	标准差	标准误	均值的95%置信区间		极小值	极大值
					下限	上限		
C	3	25757.6667	19177.96669	11072.40623	−21883.0436	73398.377	4352	41374
D	16	8637.875	8471.24214	2117.81053	4123.8687	13151.8813	1043	32885
I	2	8914.5	11733.02282	8296.5	−96502.5276	114331.5276	618	17211
S	10	5124.3	4414.65361	1396.03605	1966.2471	8282.3529	521	14640
总体	31	9179.0645	10196.19496	1831.29068	5439.07	12919.059	521	41374

这里的业绩排名结果（C型>I型>D型>S型）与2017年的排名结果完全一致，与第5章直销系统领导者特质对直销系统组织发展影响重要性排名（C型>I型>S型>D型）也基本一致。

JK公司31个直销系统领导者特质对其组织2017年和2018年业绩的影响分析结果表明，C型特质领导者所带领的团队在组织业绩上的表现最为突出，

S 型、D 型和 I 型特质领导者所带领的团队在组织业绩上的表现相对一致，差异不明显。

6.4 直销系统领导者特质对组织发展指数的影响分析

结合 6.1 节和 6.2 节的分析结果，得到被测试的 31 个直销系统领导者特质及相对应的直销系统组织发展指数（见表 6.9）。

表 6.9　各直销系统领导者特质及组织发展指数

系统	领导者特质	组织发展指数
1	C	4.3800
2	C	4.5021
3	D	4.0293
4	D	4.0522
5	C	3.9927
6	S	4.4450
7	S	4.0550
8	I	4.0850
9	D	3.9261
10	D	4.0665
11	D	3.7880
12	D	3.4586
13	I	3.8340
14	D	3.3725
15	D	3.9250
16	S	3.6900
17	S	3.6200
18	S	3.5600
19	S	4.0250
20	D	3.3411
21	D	3.7024
22	D	3.2970
23	D	3.1925
24	S	3.9825
25	D	3.8340
26	S	3.2000
27	S	3.2800

续表

系统	领导者特质	组织发展指数
28	D	3.3150
29	D	3.0950
30	S	2.8775
31	D	2.6828

将直销系统领导者特质作为因子（自变量）、直销系统组织发展指数作为因变量进行单因素方差分析，分析直销系统领导者特质类型对直销系统组织发展的影响。直销系统组织发展指数是反映直销系统组织各个方面发展状况的一个综合指标，方差分析结果（见表 6.10）表明，四种不同类型特质领导者所带领的直销系统在组织发展的综合表现上存在明显的差异。

表 6.10　不同领导者特质类型对直销系统组织发展的影响方差分析表

	平方和	df	均方	F	显著性
组间	1.473	3	0.491	2.858	0.05
组内	4.638	27	0.172		
总体	6.110	30			

进一步进行多重比较的结果表明（见表 6.11），四种特质类型领导者所领导的直销系统在组织综合发展方面所表现出来的差异主要来源于 C 型特质领导者所领导的直销系统与 D 型和 S 型特质领导者所领导的直销系统之间的差异，而 I 型、S 型和 C 型特质领导者所领导的直销系统在组织综合发展方面并未表现出明显的不同。这与前一节组织业绩分析的结果是完全一致的。

表 6.11　领导者特质类型对直销系统组织发展的影响多重分析表

特质类型		均值差	标准误	显著性	95%置信区间	
					下限	上限
D	C	−0.72423*	0.26075	0.010	−1.2592	−0.1892
	S	−0.10612	0.16707	0.531	−0.4489	0.2367
	I	−0.39213	0.31083	0.218	−1.0299	0.2456
I	C	−0.33210	0.37833	0.388	−1.1084	0.4442
	D	0.39213	0.31083	0.218	−0.2456	1.0299
	S	0.28600	0.32102	0.381	−0.3727	0.9447
S	C	−0.61810*	0.27282	0.032	−1.1779	−0.0583
	D	0.10612	0.16707	0.531	−0.2367	0.4489
	I	−0.28600	0.32102	0.381	−0.9447	0.3727

续表

特质类型		均值差	标准误	显著性	95%置信区间	
					下限	上限
C	D	0.72423*	0.26075	0.010	0.1892	1.2592
	S	0.61810*	0.27282	0.032	0.0583	1.1779
	I	0.33210	0.37833	0.388	−0.4442	1.1084

注：*表示均值差的显著性水平为 0.05。

表 6.12 是四种特质领导者所领导的直销系统组织发展指数的均值分析结果。可以看出，D 型和 S 型特质领导者所领导的直销系统组织发展指数的标准差较大，说明即便都是 D 型或 S 型特质的领导者，他们所领导的直销系统在组织发展上的综合表现也存在很大的不同。正如我们的调查结果所示，每一个被测试的领导者都表现出 D 型、I 型、S 型和 C 型四种类型的特质，只不过某方面的特质会略突出一些。比如 4 号被测试领导者被确定为 D 型特质，其 D 型特质得分 13 分，但 C 型特质得分却有 11 分，所以他应该算 D、C 复合型特质；19 号被测试领导者被确定为 S 型特质，其 S 型特质得分为 10 分，但 D 型和 C 型特质得分都是 9 分，可见他是一个 SDC 复合型特质的领导者；24 号被测试领导者被确定为 D 型特质，D 型特质得分为 11 分，但 C 型特质得分为 10 分，也是一个 D、C 复合型特质；被测试的 26 号领导者 C 型特质得分 9 分，S 型特质得分 9 分，D 型特质得分 8 分，显然属于 C、S、D 复合型特质。但由于本书没有对领导者特质类型进行更多的细分，只能将其确定为某一种类型。

表 6.12 不同领导者特质类型对直销系统组织发展的影响均值分析表

领导者特质	均值	N	标准差
D 型特质	3.5674	16	0.4063
I 型特质	3.9595	2	0.1775
S 型特质	3.6970	10	0.4700
C 型特质	4.2916	3	0.2660

由不同特质领导者类型的直销系统组织发展指数的均值分析表可以看出：C 型特质领导者的团队在直销系统组织发展上的综合表现最好；D 型特质领导者的团队在直销系统组织发展上的表现相对较弱；S 型特质领导者和 I 型领导者的团队在直销系统组织发展上的表现居中，二者相比，I 型特质领导者比

S型特质领导者略具优势。依照表6.12，四种特质领导者的直销系统在组织发展潜力方面的优势排名为：C型＞I型＞S型＞D型，这里实际数据得出的结果与第5章层次分析得到的结果完全一致。

本章选取JK公司31个直销系统作为被试，对领导者特质对组织发展包括组织业绩及组织发展潜力的影响进行实证分析，无论是组织业绩还是组织发展指数得出的结论都与第5章分析得出的结果高度一致，即C型特质领导者所带领的团队无论在直销系统组织业绩还是组织发展潜力上的表现都最为突出，与其他三种特质类型领导者相比都表现出极其明显的优势。而D型特质、S型特质和I型领导者所带领的直销系统无论是组织业绩还是组织发展方面的表现都没有很明显的差异。这也解释了，直销系统中经常强调的"简单、听话、照着做"这一运作方法的内在原理，即对于直销系统运作而言，执行力是第一位的。直销系统的运作强调的是"复制"，追求的是运作方法的简单，比拼的是业务人员长期的坚持及对计划的落地、落实。而且，在直销系统管理中，直销系统领导者的作用更多的是带动者，而不是指挥者。因此能够冲在一线，以身作则，用自己的行动带动团队成员发展的领导者，显然更适合直销系统的发展，更有利于直销系统业绩及综合发展力的提升。而简单、具有执行力，以身作则，坚持工作在第一线，正是C型直销系统领导者的显著特质，是对直销系统发展更具促进作用的特质。

6.5　本章小结

笔者在JK公司选取31个直销系统，通过问卷调查及相关分析计算出每一个直销系统的组织发展指数及各系统领导者的特质类型，再将各直销系统领导者特质作为自变量，将各系统2017年全年营业额、2018年全年营业额及组织发展指数作为因变量，分析系统领导者特质对它们的影响。结果如下：

第一，直销系统领导者的不同特质对系统2017年全年营业额、2018年全年营业额及组织发展指数的影响均达到显著性及以上水平。

第二，进一步的多重比较分析结果表明，直销系统领导者特质对系统2017年全年营业额、2018年全年营业额及组织发展指数的影响主要来自特质C与其他3种特质的区别（见表6.13）。

表 6.13　四种特质领导者直销系统各因变量均值及优势对比表

		D 型	I 型	S 型	C 型	特质优势比较
2017 年营业额	平均值	12356.25	13861	7513.5	43526.67	C > D > S > I
	标准差	12653.60	17864.35	6769.21	34770.56	
2018 年营业额	平均值	8637.88	8914.5	5124.3	25757.67	C > I > D > S
	标准差	8471.24	11733.02	4414.65	19177.97	
组织发展指数	平均值	3.57	3.96	3.70	4.30	C > I > S > D
	标准差	0.4063	0.1775	0.4700	0.2660	

注：表中的" > "表示左边比右边的类型更具优势。

第三，本章基于直销系统实际数据的直销系统领导者四种特质的优势比较结果与第 5 章的分析结果基本一致，尤其是对于组织发展指数四种领导者特质类型的优势比较结果，这里实际案例的结果与第 5 章的分析结果完全一致。

第 7 章

结 论

7.1 主要研究结果及结论

本书的主题"直销系统领导者特质对其组织发展的影响"研究中有两个重要关键词：一个是"特质"，另一个是"组织发展"。关于特质，本书首先进行了问卷调查，广泛收集直销系统领导者所具有的特质，在此基础上，依照 DISC 理论对特质进行分类，并对不同类型的领导者受欢迎程度及其在组织发展中的作用进行分析；关于组织发展，本书首先通过头脑风暴尽可能多地找出能反映直销系统组织发展的因素，经过筛选再借助主成分分析得出直销系统组织发展的核心要素，再把核心要素对组织发展的重要性进行比较调研，并借助层次分析法得出各核心要素对组织发展的相对重要性指标，由此构建出直销系统组织发展综合评价模型。

7.1.1 直销系统领导者特质研究结果及结论

1. 直销系统领导者所具有的特质

问卷调查结果表明：96.86%的被访者认为直销系统领导者具有与其他行业领导者不同的特质，98.43%的被访者认为直销系统领导者特质对其组织发展有比较大的影响；对直销系统领导者而言，依重要性排在前六位的特质是抗挫折能力、自信心、目标感强、胸怀宽格局大、发现及解决问题能力和自律性。

直销在我国一直饱受争议，直销商在展业过程中经常遇到冷嘲热讽，被亲朋好友敬而远之，一个成功的直销商必须直面这种惨淡的环境，经受住挫折和打击，而要成为一名直销系统的领导者，只独善其身是不够的，还必须有理想，有智慧，有格局，有能力。

2. 不同特质类型的直销系统领导者的受欢迎程度比较

问卷调查结果（见图 7.1）表明，无论是自己希望成为还是希望自己的上级领导者和下属领导者是什么特质类型，D 型和 C 型特质都是被访者选择最多的特质类型，被访者还认为 D 型和 C 型也是对直销系统组织发展最有利的领导者特质类型，而 I 型特质类型是相对最不受欢迎的特质类型。"己所不欲，勿施于人"看来还是很难做到的，很多人希望自己成为 S 型，却少有人希望自己的上级和下属是 S 型。

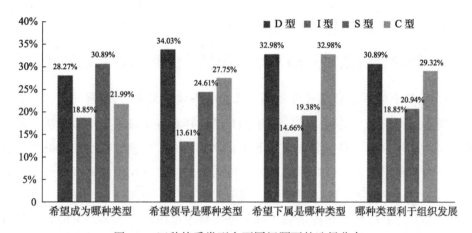

图 7.1　四种特质类型在不同问题下的选择分布

3. 直销系统领导者特质在直销系统发展的不同时期的作用

本书在 DISC 理论基础上，对直销系统领导者特质对直销系统发展不同时期的作用做了定性分析。结论是，I 型和 C 型直销系统领导者特质在直销系统的孕育期最有利，D 型、C 型和 S 型直销系统领导者特质在直销系统的成长期更为有利，I 型和 S 型直销系统领导者特质在直销系统的更新裂变期更为有利。

7.1.2　直销系统组织发展研究结果及结论

直销系统的组织发展表现是多方面的，如何用一个指标来反应组织发展的综合情况，以便于对组织进行评价和比较，以便评价一个组织。本书得到直销系统组织发展综合评价模型构建结果如下：

本书先请有关专家通过头脑风暴尽可能多地找出能反映直销系统组织发展的因素，经过筛选初步选出 30 个因素，再借助主成分分析对所选的 30 个因素进行进一步的提取和归纳,得出直销系统组织发展的 6 个核心要素:忠诚度、使命感、团队文化、团队凝聚力、团队建设和团队发展力。再就这 6 个核心要素对组织发展的重要性进行比较调研,并借助层次分析法对调研结果进行分析,得出各核心要素对组织发展的相对重要性指标,其结论是忠诚度（X1）重要性最高,使命感（X2）次之,团队文化（X3）第三,团队凝聚力（X4）第四,团队建设（X5）第五,团队发展力（X6）第六。最后以各核心要素的相对重要性指标为权重,构建出直销系统组织发展综合评价模型,其计算公式为

$$Y = 0.26 X_1 + 0.20 X_2 + 0.19 X_3 + 0.14 X_4 + 0.13 X_5 + 0.08 X_6$$

Y 值越大,表示直销系统组织综合发展越好。

7.1.3 领导者特质对直销系统组织发展的影响研究结果及结论

1. 直销系统领导者特质对直销系统发展各核心要素的相对优势比较结果

最后研究结果（见表 7.1）表明：D 型领导者特质属于支配型特质,较强势,对团队使命感最具优势,但不利于团队建设；I 型领导特质属于魅力型特质,靠人格吸引人,靠影响力感染人,对团队文化建设及团队凝聚力形成最有利；S 型领导特质属于稳健型特质,利于团队保持一团和气,但在团队发展方面却力不从心；C 型领导特质属于谨慎型,对于组织发展的多个方面都最具优势。本书所提出的三个假设均得到验证。

表 7.1 直销系统领导者特质系数指数表

领导者特质	忠诚度	使命感	团队文化	团队凝聚力	团队建设	团队发展力
D 型	0.2015	0.3383	0.1542	0.1439	0.1975	0.1716
I 型	0.2015	0.1692	0.3737	0.3919	0.2091	0.2260
S 型	0.2539	0.2046	0.2348	0.3203	0.2474	0.1436
C 型	0.3430	0.2879	0.2374	0.1439	0.3460	0.4588

2. 直销系统领导者特质对直销系统发展指数的相对优势比较结果

最后的研究结果（见表 7.2）表明,C 型领导者特质对直销系统组织综合发展的影响最大,相比其他特质更具有优势,而 D 型领导者特质对直销系统组织综合发展的影响相对优势最小。这一结果与研究者及很多业内管理者之前的设想存在较大的差异,也与前面的定性调查结果有些出入。以前大家都认为 D 型直销系统领导者特质对组织发展应该更有优势,但结果却截然相反,这正说

明直销系统组织作为自组织与其他组织的发展是不同的，它需要的不是强势，不是领导，而是以身作则，是引领，是带动。

表 7.2　直销系统领导者特质对组织发展指数的相对优势比较

	D	I	S	C
权重	0.2089	0.2574	0.2400	0.2937

3. 直销系统领导者特质对系统组织发展影响的实证研究

本书通过实例研究分析了直销系统领导者特质对直销系统发展的影响。结论是：具有 C 型特质的直销系统领导者无论在实际业绩数据上，还是在组织发展指数数据上都具有明显优势；具有其余三种特质的直销系统领导者在业绩数据和组织发展指数上的差异性并不明显。

7.2　理论贡献及管理启示

本书的理论贡献在于尝试用定量分析的方法探讨直销系统组织发展的核心要素，也可以理解为直销系统组织发展的重要维度，由此构建出一个评价直销系统组织发展的综合指标——组织发展指数，为直销系统定量化管理提供依据；本书所得出的关于直销系统领导者特质对其组织发展的影响模型也弥补了该领域的研究不足。

直销需要个人英雄，更需要能统领千军万马的将军，正像"不想当将军的士兵不是好士兵"一样，拥有自己的直销系统，成为直销系统卓越的领导者是每一个进入直销的人的梦想。那么他们要怎样修炼自己才能让梦想成真呢？本书的结果将给他们一些启发。

没有完美的个人，只有完美的团队。一个人的精力和能力毕竟是有限的，想成为全能、面面俱到的领导者非常难，有智慧的人只要善于发现人才，聚拢人才，知人善用，建立一个 DISC 优势互补的完美领导团队，同样称得上卓越的直销系统领导者。

7.3　有待进一步研究的问题

本书研究主要聚焦于直销系统领导者特质对系统组织发展的影响，为了排除外部因素的影响，本书的调查只以 JK 公司的直销系统作为研究对象。

由于直销系统的领导者与传统科层制组织中的领导者有很大不同，一定具有非常独特的特质，因此，进一步深入研究直销系统领导者特质本身就是一件很有意义的事。本书在这方面只是开了一个头，做了一点尝试，得到了一些初步的结果。如果有机会，希望将这种研究深入下去，我们将会调查更多的直销人员和直销系统，而不是局限于个别公司，进一步研究成功的直销系统领导者应当具有什么样的典型特质，如何对直销系统领导者的特质进行分类，以及不同公司的直销系统领导者所表现出来的特质是否存在差异等。

在关于直销系统组织发展的综合评价方面，虽然本书得出了直销系统组织发展指数模型，但该模型的建立毕竟是基于一个公司的数据，还需要有来自更多公司直销系统数据的检验和矫正。

参 考 文 献

[1] Abraham, Zaleznik. Managers and Leaders: Are They Different?[J]. Harvard Business Review, 2004: 73-81.

[2] Allport F H, Allport G W. Personality Traits: Therr Classification and Measurement[J]. Journal of Abnormal Psychology &Social Psychology: 1921(16): 6-40.

[3] Antonakis J, David V. Day. The nature of leadership[M]. Thousand Oaks, CA, London, and New Dehli: Sage Publications, 2017: 29-32.

[4] 中华人民共和国国务院令第 444 号. 禁止传销条例[J]. 河南省人民政府公报，2005(21): 25-28.

[5] Bakytzhan Alimbekov. 变革型领导对组织绩效的影响[D]. 北京：首都经济贸易大学学位论文，2019: 56-60.

[6] Bennis W. Organizational Development: Its nature, origins and prospects[J]. Reading, Mass: Addison-Wesley, 1969: 83-87.

[7] Bernard Burnes. The Role of Alfred J. Marrow and the Harwood Manufacturing Corporationin the Advancement of OD[J]. The Journal of Applied Behavioral Science, Vol. 2019(4): 397-427.

[8] Berson Y, Oreg S, and Dvir T. CEO values, organizational culture and firm outcomes[J]. Journal of Organizational Behavior, 2008(5): 615-633.

[9] Barthel R. Charismatic Capitalism: Direct Selling Organizations in Americaby Nicole Woolsey Biggart[J]. Gender & Society, 1990, 4(2): 266-267.

[10] Brenda B. Jones, Michael Brazzel(2018). NTL 组织发展与变革手册：原则、实践与展望[M]. 北京：电子工业出版社，2018.

[11] [美]Burns J M. 领袖[M]. 常健，等，译. 北京：中国人民大学出版社，2007.

[12] Cattell R B, Cattell H E. Personality Structure and the New Fifth Edition of the 16PF[J]. Educational&Psychological Measurement, 1995(55): 926-937.

[13] 才华．基于自组织理论的黑龙江省城市系统演化发展研究[D]. 哈尔滨：哈尔滨工程大学学位论文，2006: 28-29.

[14] 蔡志章. 多层次传销上下线间互动关系与经营绩效影响因素研究[D]. 台湾：中山大学（台湾）人力资源管理研究所，2000.

[15] 车山. 安利（中国）营销策略研究[D]. 成都：西南交通大学学位论文，2010: 5-6.

[16] 陈得发，曾子鸿. 多层次直销组织网之经营研究：以如新公司 6-4-2 系统为例[C]. 第十届直销学术研讨会论文集，2005: 193-218.

[17] 陈得发，郑旭棠. 多层次传销组织网的经营管理之研究[C]. 第三届直销学术研讨会论文集，1998: 1-19.

[18] 陈杰. 提升你的领导力[J]. 知识经济，2005(7): 80-81.

[19] 陈巧利. 耶格系统中国衍生图[J]. 知识经济，2006(2): 60-63.

[20] 崔树卿. 组织模型及组织发展影响因素研究[D]. 河北：河北科技大学学位论文，2012：

5-6, 22-25.
- [21] 崔建中. 没有完美的个人只有完美的团队[M]. 北京：北京理工大学出版社，2010.
- [22] Dyer, W(1997). Organization development as I have experienced it[J]. Organization Development Journal, 1997(2): 29-34.
- [23] 大卫·L. 布拉德福特，W. 华纳·伯克. 重新定义组织发展[M]. 北京：电子工业出版社，2020.
- [24] 大卫·V. 戴，约翰·安东纳基斯. 领导力的本质[M]. 北京：北京大学出版社，2015.
- [25] 戴志宸. 现代领导者素质研究[D]. 武汉：华中师范大学硕士学位论文，2004: 10-11.
- [26] 邓丽芳，傅星雅，谢凌玲. 青年创业团队纵向研究：特质组合对绩效的影响[J]. 科学学与科学技术管理，2015(11): 145-158.
- [27] 周科慧. DISC 性格测评的理论意义与现实意义[J]. 梧州学院学报，2010(6): 98-100.
- [28] 邓显勇. 领导者特征与团队类型的匹配研究[D]. 厦门：厦门大学学位论文，2009: 6-7.
- [29] 狄恩·布莱克. 培养超级领导力的天龙八部[J]. 知识经济，2005(12): 61-63.
- [30] 方永飞. 自组织：互联网+企业管理创新[M]. 广州：广东经济出版社，2016.
- [31] French W, Bell. C. Organization development: behavioral science interventions for organization improvement[M]. Englewood cliffs, NJ: Prentice Hall, 1978.
- [32] 周春城. 权变奖励领导对员工及团队绩效的影响机制研究[D]. 合肥：中国科学技术大学学位论文，2019: 83-84.
- [33] 高俪珊. 商业银行管理人员人格特质研究[D]. 武汉：武汉理工大学学位论文，2018: 22, 24-29.
- [34] 龚烨. 领导行为与企业成长关系研究[D]. 成都：西南财经大学硕士学位论文，2010: 67-68.
- [35] 辜千祝. 不断复制的梦想工厂：传销文化的社会实在与形构方式[D]. 台湾大学社会学研究所，1996.
- [36] 关于《关于外商投资传销企业转变销售方式有关问题的通知》执行中有关问题的规定[N]. 国际经贸消息，2002: 02-26(004).
- [37] 郭宇星. 传销组织经营之道[J]. 传销世纪杂志，1998(67): 114-116.
- [38] 国务院关于禁止传销经营活动的通知[J]. 中华人民共和国国务院公报，1998(10): 454-455.
- [39] 中华人民共和国国务院令第 443 号. 直销管理条例[J]. 辽宁省人民政府公报，2005(21)21: 35-43.
- [40] 韩樱，宋合义，陈曦. 沟通情景对领导者素质与绩效关系的调节作用研究[J]. 软科学，2011(8): 92-95.
- [41] 何建军，李清，冯明. 领导团队特质、团队运作与团队效能关系实证研究[J]. 领导科学，2016(20): 50-51.
- [42] 赫尔曼·哈肯. 信息与自组织：复杂系统的宏观方法[M]. 郭治安，译. 成都：四川教育出版社，2010.
- [43] 赫连. 领导者：团队制胜的关键 缔造卓越的团队领袖[J]. 企业导报，2005(7): 67-69.
- [44] 洪海江. 我国直销业营销传播整合模式研究[D]. 南京：南京师范大学学位论文，2006: 13-14.
- [45] 胡颖，江其玟，骆晓静. 公立医院预算功能、院长特质与组织绩效关联机制研究[J]. 中国卫生经济，2019(5): 81-85.
- [46] 华庭. 安利耶格——系统始祖[J]. 经贸世界，2005(4): 18-20.

[47] 黄健. 人格特质、共享心智模型对团队效能影响的实证研究[D]. 杭州：浙江财经大学学位论文，2013: 71-75.

[48] 黄英姿. 多层次直销系统的自组织特征分析[J]. 系统科学学报，2007(3): 93-97.

[49] 加雷思·琼斯，珍妮弗·乔治. 当代管理学[M]. 李建伟，等，译. 北京：人民邮电出版社，2016.

[50] Kark R, Dijk D V. Motivation to lead, motivation to follow: The role of the self-regulatory focus in leadership processes[J]. Academy of Management Review, 2007(2): 500-528.

[51] Kurt Lewin. Field Theory and Experiment in Social Psychology: Concepts and Methods[J]. American Journal of Sociology, 1939(44).

[52] Kurt Lewin. SECTION OF PSYCHOLOGY: Research in Group Dynamics[J]. Transactions of the New York Academy of Sciences, 1946(5): 8.

[53] Kurt Lewin. Frontiers in Group Dynamics[J]. Human Relations, 1947(1): 1.

[54] Kaiser, Rice J. Little Jiffy, Mark IV[J]. Educational and PsychologicalMeasurement, 1974(1): 111-117.

[55] 刘坚，袁春华，王清秀. 基于非线性主成分分析的综合素质评价模型研究[J]. 山东科学报，2005(2): 10-13.

[56] 刘宏志. 多层次直销薪酬制度研究[D]. 秦皇岛：燕山大学学位论文，2012: 17-22.

[57] 老风. "直销系统"的原理及命运（一）[J]. 全国商情·分销时代，2006(10).

[58] 李大韬. 一个培训师眼中的系统与复制[J]. 知识经济，2005(9): 78-79.

[59] 李大韬. 低潮中的直销系统报告[J]. 知识经济，2006(2): 9-11.

[60] 李红想，王硕. DISC 理论在企业管理者领导力提升中的应用[J]. 企业改革与管理，2019(20): 64-65.

[61] 李红想，杨楠. DISC 理论在国企人力资源管理中的应用[J]. 人力资源，2019(10): 56.

[62] 李健. 基于 6-4-2 系统的直销商人际关系网络构建[D]. 北京：华北电力大学学位论文，2014: 17-18.

[63] 李林. 多层次直销和金字塔销售辨析[J]. 辽东学院学报（社会科学版），2015(5): 84-88.

[64] 李婷婷. 世界直销协会联盟(WFDSA)[J]. 企业导报，2004(5): 56-57.

[65] 梁子. 从"耶格系统"看直销团队的组织策略[J]. 成功，2004(8): 21-23.

[66] 廖玉玲，江嘉琳，杨儒萱，等. DISC 行为模式下异质性团队的个人行为风格调整研究[J]. 现代商业，2020(12): 116-118.

[67] 林军. 新学习型组织[J]. 知识经济，2005(6): 1-1.

[68] 林秋晨. 女性领导特质对团队氛围影响的研究[D]. 杭州：浙江工商大学学位论文，2020: 29-30.

[69] 刘海曙. 分销与直销渠道的比较研究[D]. 北京：北京交通大学学位论文，2004: 33.

[70] 刘红兵. 直销领导人的自身定位与团队管理[J]. 知识经济(中国直销)，2008(7): 62-63.

[71] 刘玉凤. 安利（中国）直销商业模式研究及创新[D]. 成都：西南财经大学学位论文，2012: 19-23.

[72] 鲁玲. 《直销法》告诉人们什么[J]. 中国市场，2006(31): 46.

[73] 苗东升. 系统科学精要[M]. 北京：中国人民大学出版社，2010.

[74] Marty Martin. Taking OD Back to the Future[J]. Organization Development Journal. Summer, 2016: 61-80.

[75] 欧阳文章. 中国直销经济学[M]. 北京：北京大学出版社，2007: 14-20.
[76] Parsons F. Choosing a Vocation[J]. Book on Demand, 1909(7): 636-640.
[77] Pei-chia lan. Networking Capitalism: Network Construction and Control Effects in Direct Selling[J]. The Sociological Quarterly. 2002(2): 165-184.
[78] Peter G. Northouse. Leadership: Theory and Practice[M]. 北京：中国人民大学出版社，2017.
[79] Phillip D Vardiman, Jeffery D Houghton. Environmental Leadership Development: Toward a Contextual Model of Leader Selection and Effectiveness[J]. Leadership & Organization Development Journal, 2006(2): 93-105.
[80] Porras J, Robertson P. Organization development: theory, practice, and research In M.D. Dunneette & L.M.Hough(Eds), handbook of industrial and organizational psychology[M]. Palo Alto, CA: Consulting Psychologists Press, 1992.
[81] 彭万里，刘永，章崇会. 领导团队特质与团队效能关系研究[J]. 中国电力企业管理，2015(12): 84-85.
[82] 秦永楠，倪跃峰. 中国大陆直销企业行销体系的转型升级与模式创新研究[C]. 第24届海峡两岸学术研讨会论文集，2019: 212-230.
[83] 梅雷迪思·贝尔宾. 管理团队：成败启示录[M]. 袁征，李和庆，蔺红云，译. 北京：机械工业出版社，2017.
[84] Robbins S P, Judge T A, 组织行为学[M]. 孙健敏，李原，黄小勇，译. 北京：人民大学出版社，2012.
[85] Robert A. Peterson, Thomas R. Wotruba. What Is Direct Selling? —Definition, perspectives, and research agenda[J]. the Journal of personal Selling & Sales Management, 1996.
[86] 史蒂夫·安德鲁斯，查尔斯·福克纳. NLP圣经：美国NLP学院专业教程[M]. 丁伟，译. 北京：世界图书出版公司，2013.
[87] Shaun Fvan Blerk，张丹. "求同存异"打造高效团队基于DISC的团队诊断[J]. 清华管理评论，2013(5): 82-88.
[88] 舒择. 什么是直销[J]. 投资与营销，2004(8): 17-20.
[89] 宋合义，刘阿娜. 不同组织文化中影响领导者有效性的性格因素研究[J]. 管理工程学报，2005(3): 111-114.
[90] 苏坤树，陈湛. 打造后立法时代新领导力[J]. 知识经济，2005(10): 20-24.
[91] 汤姆·里奇，艾伦·阿克塞尔罗德译. 发现你的行为模式：DISC帮助改善人际关系，达成卓越成果：钻石版[M]. 许江林，译. 北京：电子工业出版社，2018.
[92] 王存彪. 中国多层次直销的现状及发展研究[D]. 呼和浩特：内蒙古大学学位论文，2004: 1-2.
[93] 王芳. 领导力早期发展的初步探索[D]. 上海：华东师范大学学位论文，2010: 20-21.
[94] 王万军. 中国直销前景[M]. 广州：广东经济出版社，2005.
[95] 王显成. 旅游企业团队人格特质与团队绩效关系研究[J]. 改革与战略，2009(4): 165-167.
[96] 王梓涵. 直销人员胜任力研究[D]. 烟台：鲁东大学学位论文，2014: 36-37.
[97] 威廉·莫尔顿·马斯顿. 常人之情绪：DISC理论原型[M]. 李海峰，等，译. 北京：电子工业出版社，2018.
[98] 魏驾雾. "ABC法则"还可以更灵活[J]. 成功，2006(12): 45-46.
[99] 魏文辉. 团队领导人需要的能力和素质[J]. 知识经济，2007(2): 68-69.

[100] 吴宜真, 郑梦洁, 宋建. 科层制体系与直销网络体系比较研究——社会自组织的视角[J]. 江苏经贸职业技术学院学报, 2014(1): 28-35.

[101] 谢文钰, 程春梅, 梁岩. 愿景型领导对团队绩效的影响—以团队凝聚力为中介变量[J]. 辽宁工业大学学报(社会科学版), 2020(4): 43-46.

[102] 徐英. 浅谈雅芳的直销模式[J]. 中外企业家, 2018(6): 237-238.

[103] 徐静. 初识直销系统应注意的六大基本问题[J]. 经贸世界, 2004(8): 57-59.

[104] 徐忠诚, 陈铭嘉, 赵金芳, 等. 多层次传销组织之领导风格对团队绩效之影响[C]. 第十届直销学术研讨会论文集, 2005: 243-265.

[105] 薛维峰. 性格分类理论与模型的简要综述[J]. 科技信息, 2013(13): 489.

[106] 杨明君. 中国直销业的现状及发展研究[D]. 重庆: 重庆大学学位论文, 2009: 9-11.

[107] 杨小红, 续秋霞. 直销商的领导行为及其与收入的相关性[J]. 兰州交通大学学报, 2014(2): 58-61.

[108] 杨小红, 周镭. 成功直销商的领导者特质[J]. 企业活力（营销管理）, 2009(1): 36-37.

[109] 远潇. 安利（中国）公司直销策略研究[D]. 吉林: 吉林大学学位论文, 2012: 5-6.

[110] 余钒. 包容型团队领导对团队凝聚力的影响研究——以刘备核心团队管理为案例[J]. 现代盐化工, 2019(4): 102-103.

[111] 翟培基. 做一个站在时代前列的优秀领导者[J]. 海南人大, 2004(3): 7-10, 30.

[112] 张光辉. 权健事件大起底[J]. 企业观察家, 2019(2): 80-83.

[113] 张大伟, 薛惠锋. 团队人格特质组合与团队绩效关系研究[J]. 科技管理研究, 2008(4): 156-158.

[114] 张海涛, 青国霞. 领导风格对组织创新气氛的影响研究[J]. 技术经济与管理研究, 2020(8): 60-66.

[115] 张琪. 变革型领导对团队绩效的影响研究[J]. 商场现代化, 2019(8): 80-82.

[116] 赵国祥, 董少华. 直销人员心理品质研究与测评[J]. 心理科学, 1999(22): 34-37.

[117] 郑世林, 杨智伟（2019）. 以人为本与人本矩阵: 情境领导与DISC的理论融合[J]. 财经问题研究, 2019(4): 30-36.

[118] 朱建军. 层次分析法的若干问题研究及应用[D]. 沈阳: 东北大学学位论文, 2005: 2-4.

附录

名词解释

　　神经语言程序学：缩写 NLP，又译作神经语言程式学、身心语言程式学，是用语言去影响身心状态的具体方法。"神经"代指我们的神经系统，是指实现我们的视觉、听觉、触觉、味觉和嗅觉五种感官的神经通道。"语言"形容我们的语言能力，利用具体的词汇、词组映射我们的精神世界。"语言"同样代指我们"无声的言语"，姿势、手势及体现我们思维模式的习惯和信念等。"程式"这个词是从计算机科学借来的，寓意为我们的思维、情绪和行动其实就是习惯性程序，可以通过升级"精神软件"加以改变（N. Steve Andrews-et al.，2016）。

　　中国特色的直销新模式：直销模式以前是没有店铺的，传入中国后政府结合国情要求中国直销企业要有店铺才可以从事直销，因此"店铺+推销员"的模式在直销企业的灵活变通下，逐渐演变成更适合中国国情，具有中国特色的直销新模式（刘玉凤，2012）。

　　金字塔销售（俗称"老鼠会"）：是变质的"多层次传销"。在美国被称为无限连锁制度、金字塔促销计划、金字塔销售计划、金字塔俱乐部，在香港被称为金字塔行销法，在日本被称为无限连锁贩卖及倍增市场学。分析鉴别金字塔式销售（pyramid selling）的最本质最简单的方法，是参照美国联邦贸易委员会（Federal Trade Commission，FTC）对金字塔销售计划的定义："加入者付钱给公司以换取两种权利，一是销售货物的权利，二是介绍他人加入而获取酬劳的权利，而因介绍他人加入所获取的报酬与销售货物给最终使用者无关。"只要同时符合这两个条件，也就是一要交入门费，二要有人头费，就是金字塔式销售。金字塔上层的人负责发展下线，并从中抽取奖金，新发展的下线采用同样的方法发展下线，下线越多，挣的钱越多，这种销售方式也就是通常所说的

"老鼠会",通过发展下线获取利润,其本质是一种诈骗行为(李林,2015)。

星海体系、明德体系、××系统等:不同的领导人为自己所创办的直销系统所确定的一个系统名称。如 JK 指金刚系统,LH 指蓝海系统,HT 指浩腾国际系统,GK 指广阔系统,HJ 指汇金系统,MD 指明德系统。

ABC 法则:也叫借力使力法则。A 指 advisor 顾问、专家,B 指 bridge 桥梁,C 指 customer 客户,ABC 法则就是 A、B、C 之间的关系法则,具体指新业务员在零售过程中,因对产品、制度、公司尚不熟悉,需要通过有经验的业务员指导辅助,而达成零售的目的(袁琴红,2016)。在直销行业中,C 是指推荐对象,B 是指推荐人,A 则是推荐者借力的对象。借力的对象可以很广泛,包括 B 的上层直销商、各种说明会及其主讲者、直销组织成功者、公司的形象代表等(魏驾雾,2006)。

序参量:"序参量"概念被引入自组织过程,用来描述系统的有序程度。直销网络中存在各种"精英"领袖,这些领袖在直销网络中就是重要的"序参量"(吴宜真等,2014)。